ビックリする程運が開く！
世界一の開運法

早わかり 吉方位ガイド帳

願いが叶う！

吉方旅行・引っ越しのスーパー手引き！

オールカラー 32ページ

現在

今の運命は、あなたが過去に動いた方位で決定している

成功者や思いがけない幸運に巡り合った人たちを調べてみると、必ずといっていいほど、知らない内に大吉方位に移転または旅行をしていた事が分かります。反対に、病気、事故、失敗、不和、離婚、貧苦などに苦しむ人は、過去において凶方位の移転・旅行をしています。

ここでは、数名の方々の吉方位体験談をご紹介しましょう。

独身39歳のA子さん、人生を賭けた結婚大作戦で、見事結婚！

35歳まで仕事が忙しく、旅行にも行けなかったA子さん。友人たちの結婚が二人続き急に結婚したくなった。色々手を尽くしてみるものの、いい出会いがない。焦る気持ちのまま四年近くの歳月が過ぎた。

そこで最後は占いだと、私の鑑定に。私は彼女にとって吉方位の東京から北30度の秋田の旅行（現地3泊）をお勧めした。

結果、旅行後一週間後に出会った男性と、あっという間に結婚となったのでした。

10年間 子宝に恵まれなかったH子さん、吉方旅行で子供授かる！

H子さんご夫婦は、結婚以来、10年間まったく子宝に恵まれず、思案に暮れていました。

そんな時、子宝をはじめ、何事でも願いを叶えるには方位学が一番と聞いたH子さんは、吉方旅行に行くことに。

そこでその年の5月に、住まいから西30度の出雲方面へ出発！

すると旅行後、しばらくして〝妊娠〟が判明！初めての子供（女の子）が生まれたのでした。

未来

これからの行動で、恋愛、結婚、仕事、健康、なんでも手に入れる事ができる！

私たちの現状は、過去に動いた方位の影響を強く受けています。では、もうどうする事も出来ないのでしょうか。

そんな事はありません！　今から吉方位を努めて取っていけば、誰でも確実に幸運の運気を呼び込むことが出来ます。それも一年以内に。試してみて下さい！

病弱だった母が、東北の吉方旅行後、みるみる元気に！

病弱で、毎年のように身体を壊していた母に、なんとか丈夫になってもらいたいと、友人から勧められた方位学の本に従って、私と二人で3泊4日の仙台（東北60度）旅行に出かけました。

旅行後、まず驚いたのは、母の持病だったリュウマチがすっかり治ってしまった事。

そして、すぐ疲れたと言うのが口癖だったのに、旅行後はまったく言わなくなったことです。

（M.K.　30歳　静岡／女性）

ニート状態だった兄に吉方旅行を勧めたところ、旅行後、俄然ヤル気に！

一年半ニート状態だった兄（23歳）に、西谷先生の方位学の本を読むように勧めたところ、面白いといって読み、その後、西南の鹿児島への吉方旅行を勧めたところ行くことに。

旅行後の兄の変わりようは、もう目を見張るばかり。将来の夢を語りだし、バイトを始めたのです。両親も方位学は凄い！と今では家族全員が方位学を活用しています。

（T.H.　21歳　大分／男性）

まず自分の星を知ろう!【A表】

あなたの本命星がわかる早見表

生まれ年	本命星と十二支	生まれ年	本命星と十二支	生まれ年	本命星と十二支	生まれ年	本命星と十二支
昭和 4	八白土星 巳	昭和 30 1955年	九紫火星 未	昭和 56	一白水星 酉	平成 19	二黒土星 亥
1930年 5	七赤金星 午	◯31	八白土星 申	57	九紫火星 戌	◯20	一白水星 子
6	六白金星 未	32	七赤金星 酉	58	八白土星 亥	21	九紫火星 丑
◯7	五黄土星 申	33	六白金星 戌	◯59	七赤金星 子	2010年 22	八白土星 寅
8	四緑木星 酉	34	五黄土星 亥	1985年 60	六白金星 丑	23	七赤金星 卯
9	三碧木星 戌	1960年 ◯35	四緑木星 子	61	五黄土星 寅	◯24	六白金星 辰
1935年 10	二黒土星 亥	36	三碧木星 丑	62	四緑木星 卯	25	五黄土星 巳
◯11	一白水星 子	37	二黒土星 寅	◯63	三碧木星 辰	26	四緑木星 午
12	九紫火星 丑	38	一白水星 卯	平成 1	二黒土星 巳	2015年 27	三碧木星 未
13	八白土星 寅	◯39	九紫火星 辰	1990年 2	一白水星 午	◯28	二黒土星 申
14	七赤金星 卯	1965年 40	八白土星 巳	3	九紫火星 未	29	一白水星 酉
1940年 ◯15	六白金星 辰	41	七赤金星 午	◯4	八白土星 申	30	九紫火星 戌
16	五黄土星 巳	42	六白金星 未	5	七赤金星 酉	令和 1	八白土星 亥
17	四緑木星 午	◯43	五黄土星 申	6	六白金星 戌	2020年 ◯2	七赤金星 子
18	三碧木星 未	44	四緑木星 酉	1995年 7	五黄土星 亥	3	六白金星 丑
◯19	二黒土星 申	1970年 45	三碧木星 戌	◯8	四緑木星 子	4	五黄土星 寅
1945年 20	一白水星 酉	46	二黒土星 亥	9	三碧木星 丑	5	四緑木星 卯
21	九紫火星 戌	◯47	一白水星 子	10	二黒土星 寅	◯6	三碧木星 辰
22	八白土星 亥	48	九紫火星 丑	11	一白水星 卯	2025年 7	二黒土星 巳
◯23	七赤金星 子	49	八白土星 寅	2000年 ◯12	九紫火星 辰	8	一白水星 午
24	六白金星 丑	1975年 50	七赤金星 卯	13	八白土星 巳	9	九紫火星 未
1950年 25	五黄土星 寅	◯51	六白金星 辰	14	七赤金星 午	◯10	八白土星 申
26	四緑木星 卯	52	五黄土星 巳	15	六白金星 未	11	七赤金星 酉
◯27	三碧木星 辰	53	四緑木星 午	◯16	五黄土星 申	2030年 12	六白金星 戌
28	二黒土星 巳	54	三碧木星 未	2005年 17	四緑木星 酉	13	五黄土星 亥
29	一白水星 午	1980年 ◯55	二黒土星 申	18	三碧木星 戌	◯14	四緑木星 子

※2月の立春(4日、◯印のうるう年は5日)以前に生まれた人は、前の年の本命星になります。

星の読み方と、性格

一白水星 いっぱく すいせい……水の星。臨機応変に対応できる天性の才あり、どんな環境にも合わせられる。接客業、飲食業で成功する人が多い。

二黒土星 じこく どせい……母なる星。トップより、ナンバー2として力を発揮する傾向を持つ人。人を育て、助ける教師、コンサルタント、プロデューサーに向く。

三碧木星 さんぺき もくせい……雷の星。熱しやすく冷めやすい。こうだと決めたらまっしぐらの人。芸能、芸術、時代をリードする職業に向く。

四緑木星 しろく もくせい……風の星。他人の為に頑張るのが生き甲斐。そういう時に力を発揮する。医療、福祉などで活躍する人が多い。

五黄土星 ごおう どせい……支配の星。組織の中でトップの座を狙う野心家。政治家、経営者に向いている。取りかかったものは、徹底してやらないと気が済まない。

六白金星 ろっぱく きんせい……天の星。頭脳明晰でプライドが高い。大きな目標に向かいガムシャラに努力し、達成する。医師、弁護士、教師をはじめ、先生と呼ばれるものに向いている。

七赤金星 しちせき きんせい……悦びの星。愛嬌があり交際上手で弁が立つ。流行もの、口を使った、口に関係する職業がよい。司会業、歌手、歯科医、飲食関係など。ファッション関係もよい。

八白土星 はっぱく どせい……山の星。陽気で人から好かれる。ただし、頑固で強情なところもあり、一度へそを曲げると大変。一人でする仕事、技術系や不動産関係などに向く。

九紫火星 きゅうし かせい……火の星。情熱家。見た目は陽気で明るく華やか。しかし暗さも併せ持つ。周囲から脚光を浴びる仕事、立場に向く。学者・研究者もよい。

願いが叶う！

吉方旅行の行き方ガイド！

約束事

1 国内の100km以上遠方へ旅行しよう

早見表で自分の吉方位・出発時期を調べたら、国内旅行に出かけよう（国内旅行は結果が一年以内に出る即効性があり、旅行後一年間ツキまくる）。

100km以上遠方の吉方位へ旅行する（遠いほど効果は大きくなる）。

2 現地3泊（以上）する事

旅行は、現地3泊以上する（滞在日数が多いほど効果は大きくなる）。

※結婚したい人なら、旅行後一年以内に結婚・婚約が実現する。

3 一人で行っても、何人で行ってもよい

一人で行こうが、何人で行こうが、また誰と行こうが構いません。

4 1泊目は、夜の10時40分までに、泊まるホテル・旅館の部屋に入ろう

1泊目だけは宿泊先の部屋に、夜10時40分までに入る。ベッドに入らなくても部屋の中にいればOK。2泊目以降は、時間を気にしなくてよい。

5 毎日温泉に入る

吉方位の〝気〟をいっぱい吸収するために、行った先の温泉（なければお風呂）に入ると良い。温泉につかって疲れも癒し、元気いっぱいになってください。

6 宿泊先は一ヵ所に泊まり続けても、転々としてもよい

吉方位のエリア内ならば、同じホテル・旅館に泊まり続けても、毎晩転々としても構いません。

7 吉方旅行の日程を決めたら、その時から効果が出始める！

これは不思議ですが、吉方旅行に行くと計画し、具体的に出発日など日程が決まった瞬間から幸運が起こり始めます！　行ったその先の未来が開けるからです。

8 旅先では、その方位の象意を使おう！

吉方位の旅先では、その方位の象意（しょうい＝意味する物事）を使うと、効果テキメン！　例えば、東30度に行ったら、寿司を食べる、コンサートへ出かける、などを行うと、その方位効果をより強く受けます。

9 旅行先は、地図と分度器でシッカリ測ろう！

旅行先は、だいたいの見当で選ばず、ちゃんと地図に分度器を当てて測りましょう。八方位がすぐに割り出せる便利な方位分度器が、創文から発売されていますので、お勧めします。

その他

● 一年以内（2／4～2／3の間）に、正反対の方位へ再び旅行をするのは吉方位でも避ける。吉方旅行をした効果が相殺されてしまいます。

例……北30度の吉方位へ行った年は、南30度が吉方位であっても同じ年の内には行かない事。

● 方位は、自分の住まいから測ります。行ったとしても一泊までに。

吉方位 早見表

※吉凶両方位の詳細は、『吉方位早楽・地図上検索システム』（webサイト）をご利用下さい。

【表の見方】◎ 大吉方　○ 吉方　△ 小吉方　▵ 小小吉方　× 凶方　✕ 大凶　吉方か大吉方位の印がある期間に、その方位に３泊４日 100km 以上の旅に出発する、あるいは引っ越しをすることを強くお勧めします。この表には吉方位、凶方位を全て紹介しました。

吉方位・凶方位の詳細は、『吉方位早楽地図上検索システム』（web サイト）でもご覧になれます。

出発日が吉方の期間なら、月の変わり目をまたいで旅行をしても効果はあります。

令和 6 年（2024 年） 9～翌 1 月

年盤					大歳				歳破	
	この期間内に自宅を出発する場合の吉凶	北 30°	東北 60°	東 30°	東南 60°	南 30°	西南 60°	西 30°	西北 60°	備考
9月	9/8~10/7	△	×	✕	△	▵	×	✕	×	
10月	10/9~11/6	×	▵	✕	✕	✕	△	✕	✕	
11月	11/8~12/6	×	▵	✕	×	×	普通	✕	×	
12月	12/8~1/4	×	×	✕	×	×	×	✕	✕	
翌1月	1/6~2/2	普通	◎	✕	普通	◎	×	✕	×	東北２倍の吉、南２倍の吉

令和 7 年（2025 年）

年盤					大歳				歳破	
	この期間内に自宅を出発する場合の吉凶	北 30°	東北 60°	東 30°	東南 60°	南 30°	西南 60°	西 30°	西北 60°	備考
2月	2/4~3/4	◎	✕	普通	✕	◎	✕	◎	✕	北2倍の吉、南3倍の吉、西2倍の吉
3月	3/6~4/3	×	×	普通	✕	×	×	×	✕	
4月	4/5~5/4	×	×	△	✕	×	×	▵	✕	
5月	5/6~6/4	○	✕	×	✕	○	✕	×	✕	
6月	6/6~7/6	×	✕	×	✕	▵	✕	×	✕	
7月	7/8~8/6	×	✕	○	✕	✕	×	▵	✕	
8月	8/8~9/6	×	✕	△	✕	×	×	○	✕	
9月	9/8~10/7	×	✕	×	✕	▵	✕	○	✕	
10月	10/9~11/6	▵	×	✕	✕	◎	×	✕	✕	南２倍の吉
11月	11/8~12/6	◎	✕	普通	✕	◎	✕	◎	✕	北2倍の吉、南2倍の吉、西2倍の吉
12月	12/8~1/4	×	×	普通	✕	✕	×	○	✕	
翌1月	1/6~2/3	×	×	△	✕	×	✕	▵	✕	

令和 8 年（2026 年）

年盤		歳破				大歳				
	この期間内に自宅を出発する場合の吉凶	北 30°	東北 60°	東 30°	東南 60°	南 30°	西南 60°	西 30°	西北 60°	備考
2月	2/5~3/4	✕	×	×	△	✕	✕	×	普通	
3月	3/6~4/4	✕	×	×	△	✕	×	✕	普通	
4月	4/6~5/4	✕	▵	△	×	✕	○	▵	✕	
5月	5/6~6/5	✕	▵	△	△	✕	▵	◎	×	西２倍の吉
6月	6/7~7/6	✕	×	普通	×	✕	×	○	×	
7月	7/8~8/6	✕	×	✕	普通	✕	▵	✕	△	
8月	8/8~9/6	✕	✕	普通	×	✕	×	○	×	
9月	9/9~10/7	✕	◎	×	普通	✕	◎	◎	普通	東北3倍の吉、西南2倍の吉、西2倍の吉
10月	10/9~11/6	✕	○	△	✕	✕	○	▵	×	
11月	11/8~12/6	✕	×	×	×	✕	×	×	普通	
12月	12/8~1/4	✕	×	×	○	✕	×	×	普通	
翌1月	1/6~2/3	✕	▵	△	×	✕	×	▵	×	

◎印は2倍吉以上、○印は吉方、×印は凶方、✕印は大凶方、△は小吉方、▵印は小小吉方

一白水星の人の

令和 9 年（2027 年）

年盤			歳破				大歳			
	この期間内に自宅を出発する場合の吉凶	北 30°	東北 60°	東 30°	東南 60°	南 30°	西南 60°	西 30°	西北 60°	備　考
2月	2/5~3/5	×	×	○	×	×	×	△	×	
3月	3/7~4/4	×	×	△	×	×	×	×	×	
4月	4/6~5/5	×	×	×	×	×	△	×	×	引越しのみ西南３倍の吉
5月	5/7~6/5	×	×	△	×	×	×	○	×	旅行のみ西２倍の吉
6月	6/7~7/6	×	×	△	×	×	◎	△	×	西南３倍の吉
7月	7/8~8/7	×	×	◎	×	×	◎	普通	×	東３倍の吉、西南５倍の吉
8月	8/9~9/7	×	×	×	×	×	×	×	×	
9月	9/9~10/7	×	×	×	×	×	×	×	×	
10月	10/9~11/7	×	×	○	×	×	◎	普通	×	西南３倍の吉
11月	11/9~12/6	×	×	◎	×	×	△	△	×	東3倍の吉、引越のみ西南3倍の吉
12月	12/8~1/5	×	×	△	×	×	×	△	×	
翌1月	1/7~2/3	×	×	×	×	×	×	×	×	

令和 10 年（2028 年）

年盤			歳破				大歳			
	この期間内に自宅を出発する場合の吉凶	北 30°	東北 60°	東 30°	東南 60°	南 30°	西南 60°	西 30°	西北 60°	備　考
2月	2/5~3/4	○	×	×	×	◎	×	×	×	南２倍の吉
3月	3/6~4/3	×	×	×	△	×	×	×	普通	
4月	4/5~5/4	×	×	×	×	×	×	×	×	
5月	5/6~6/4	◎	×	×	◎	◎	×	×	×	北2倍の吉、東南2倍の吉、南2倍の吉
6月	6/6~7/5	×	×	×	○	△	×	×	普通	
7月	7/7~8/6	×	×	×	×	×	×	×	×	
8月	8/8~9/6	×	×	×	○	×	×	×	△	
9月	9/8~10/7	×	×	×	×	△	×	×	×	
10月	10/9~11/6	△	×	×	×	◎	×	×	△	南２倍の吉
11月	11/8~12/5	○	×	×	×	○	×	×	×	
12月	12/7~1/4	×	×	×	△	×	×	×	普通	
翌1月	1/6~2/2	×	×	×	×	×	×	×	×	

令和 11 年（2029 年）

年盤				歳破				大歳		
	この期間内に自宅を出発する場合の吉凶	北 30°	東北 60°	東 30°	東南 60°	南 30°	西南 60°	西 30°	西北 60°	備　考
2月	2/4~3/4	○	×	×	○	○	×	×	普通	
3月	3/6~4/3	◎	×	×	◎	普通	×	×	普通	北２倍の吉、東南２倍の吉
4月	4/5~5/4	×	×	×	×	×	×	×	×	
5月	5/6~6/4	×	×	×	○	×	×	×	×	
6月	6/6~7/6	×	×	×	×	普通	×	×	×	
7月	7/8~8/6	△	×	×	△	△	×	×	△	
8月	8/8~9/6	◎	×	×	×	△	×	×	×	北２倍の吉
9月	9/8~10/7	×	×	×	△	×	×	×	普通	
10月	10/9~11/6	×	×	×	×	×	×	×	×	
11月	11/8~12/6	○	×	×	×	△	×	×	普通	
12月	12/8~1/4	◎	×	×	◎	×	×	×	普通	北２倍の吉、東南３倍の吉
翌1月	1/6~2/3	×	×	×	×	×	×	×	×	

吉方位 早見表

※吉凶両方位の詳細は、『吉方位早楽・地図上検索システム』（webサイト）をご利用下さい。

【表の見方】◎ 大吉方　○ 吉方　△ 小吉方　▵ 小小吉方　× 凶方　✕ 大凶　吉方か大吉方位の印がある期間に、その方位に３泊４日 100km 以上の旅に出発する、あるいは引っ越しをすることを強くお勧めします。この表には吉方位、凶方位を全て紹介しました。

吉方位・凶方位の詳細は、『吉方位早楽地図上検索システム』（web サイト）でもご覧になれます。

出発日が吉方の期間なら、月の変わり目をまたいで旅行をしても効果はあります。

令和 6 年（2024 年） 9～翌 1 月

年盤					大歳				歳破	
	この期間内に自宅を出発する場合の吉凶	北 30°	東北 60°	東 30°	東南 60°	南 30°	西南 60°	西 30°	西北 60°	備考
9月	9/8~10/7	×	▵	✕	✕	×	▵	✕	✕	
10月	10/9~11/6	×	○	×	✕	×	▵	×	✕	
11月	11/8~12/6	▵	×	×	✕	○	×	×	✕	
12月	12/8~1/4	×	○	✕	✕	×	▵	✕	✕	
翌1月	1/6~2/2	◎	◎	✕	✕	◎	×	✕	✕	北2倍の吉、東北2倍の吉、南2倍の吉

令和 7 年（2025 年）

年盤					大歳				歳破	
	この期間内に自宅を出発する場合の吉凶	北 30°	東北 60°	東 30°	東南 60°	南 30°	西南 60°	西 30°	西北 60°	備考
2月	2/4~3/4	◎	✕	◎	普通	◎	✕	普通	×	北2倍の吉、東2倍の吉、南3倍の吉
3月	3/6~4/3	×	×	○	×	×	×	×	✕	
4月	4/5~5/4	×	×	×	△	×	×	×	✕	
5月	5/6~6/4	▵	✕	○	△	▵	✕	普通	✕	
6月	6/6~7/6	✕	×	×	△	×	×	×	×	
7月	7/8~8/6	×	✕	▵	×	✕	×	△	✕	
8月	8/8~9/6	▵	✕	▵	普通	○	✕	△	×	
9月	9/8~10/7	×	×	✕	×	○	×	×	✕	
10月	10/9~11/6	○	×	×	✕	◎	×	×	✕	南２倍の吉
11月	11/8~12/6	◎	✕	◎	×	◎	✕	普通	×	北2倍の吉、東3倍の吉、南2倍の吉
12月	12/8~1/4	×	×	○	×	✕	×	普通	✕	
翌1月	1/6~2/3	×	×	×	△	×	✕	×	×	

令和 8 年（2026 年）

年盤		歳破				大歳				
	この期間内に自宅を出発する場合の吉凶	北 30°	東北 60°	東 30°	東南 60°	南 30°	西南 60°	西 30°	西北 60°	備考
2月	2/5~3/4	✕	✕	○	×	✕	✕	普通	×	
3月	3/6~4/4	✕	普通	×	×	✕	▵	✕	×	
4月	4/6~5/4	✕	△	▵	✕	✕	▵	△	✕	
5月	5/6~6/5	✕	×	▵	×	✕	×	○	✕	
6月	6/7~7/6	✕	△	×	✕	✕	▵	×	✕	
7月	7/8~8/6	✕	×	×	✕	✕	○	×	✕	
8月	8/8~9/6	✕	✕	○	×	✕	×	普通	×	
9月	9/8~10/7	✕	普通	×	✕	✕	◎	普通	✕	西南２倍の吉
10月	10/9~11/6	✕	普通	×	✕	✕	○	×	×	
11月	11/8~12/6	✕	✕	◎	✕	✕	✕	普通	×	東２倍の吉
12月	12/8~1/4	✕	普通	×	×	✕	▵	×	×	
翌1月	1/6~2/3	✕	△	▵	✕	✕	×	○	✕	

印は2倍吉以上、印は吉方、×印は凶方、✕印は大凶方、は小吉方、▵印は小小吉方

二黒土星の人の

令和 9 年（2027 年）

年盤			歳破				大歳			
	この期間内に自宅を出発する場合の吉凶	北 30°	東北 60°	東 30°	東南 60°	南 30°	西南 60°	西 30°	西北 60°	備　考
2月	2/5~3/5	×	×	×	△	×	×	×	△	
3月	3/7~4/4	×	×	×	×	×	△	×	×	引越のみ西南３倍の吉
4月	4/6~5/5	×	×	×	×	×	◎	×	×	西南３倍の吉
5月	5/7~6/5	×	×	×	△	×	×	×	×	
6月	6/7~7/6	×	×	×	×	×	◎	×	×	西南３倍の吉
7月	7/8~8/7	×	×	×	◎	×	◎	×	普通	東南２倍の吉、西南５倍の吉
8月	8/9~9/7	×	×	×	○	×	×	×	△	
9月	9/9~10/7	×	×	×	○	×	△	×	△	引越のみ西南３倍の吉
10月	10/9~11/7	×	×	×	×	×	△	×	×	引越のみ西南３倍の吉
11月	11/9~12/6	×	×	×	×	×	×	×	△	
12月	12/8~1/5	×	×	×	×	×	△	×	×	引越のみ西南３倍の吉
翌1月	1/7~2/3	×	×	×	×	×	×	×	×	

令和 10 年（2028 年）

年盤			歳破				大歳			
	この期間内に自宅を出発する場合の吉凶	北 30°	東北 60°	東 30°	東南 60°	南 30°	西南 60°	西 30°	西北 60°	備　考
2月	2/5~3/4	△	×	○	△	○	×	普通	△	
3月	3/6~4/3	×	×	○	×	×	×	×	×	
4月	4/5~5/4	×	×	×	○	×	×	×	×	
5月	5/6~6/4	普通	×	◎	◎	普通	×	普通	×	東２倍の吉、東南２倍の吉
6月	6/6~7/5	×	×	×	○	×	×	×	◎	西北２倍の吉
7月	7/7~8/6	×	×	△	×	×	×	△	×	
8月	8/8~9/6	普通	×	△	△	△	×	△	○	
9月	9/8~10/7	×	×	×	×	△	×	×	×	
10月	10/9~11/6	△	×	×	×	○	×	×	×	
11月	11/8~12/5	△	×	◎	×	△	×	普通	△	東２倍の吉
12月	12/7~1/4	×	×	○	×	×	×	普通	×	
翌1月	1/6~2/2	×	×	×	○	×	×	×	△	

令和 11 年（2029 年）

年盤				歳破				大歳		
	この期間内に自宅を出発する場合の吉凶	北 30°	東北 60°	東 30°	東南 60°	南 30°	西南 60°	西 30°	西北 60°	備　考
2月	2/4~3/4	×	×	×	○	×	×	×	○	
3月	3/6~4/3	×	普通	×	◎	×	普通	×	◎	東南２倍の吉、西北２倍の吉
4月	4/5~5/4	×	△	×	×	×	普通	×	×	
5月	5/6~6/4	×	×	×	△	×	×	×	×	
6月	6/6~7/6	×	△	×	×	×	普通	×	×	
7月	7/8~8/6	×	×	×	×	×	△	×	×	
8月	8/8~9/6	×	×	×	△	×	×	×	△	
9月	9/8~10/7	×	普通	×	×	×	△	×	×	
10月	10/9~11/6	×	普通	×	×	×	△	×	△	
11月	11/8~12/6	×	×	×	×	×	×	×	○	
12月	12/8~1/4	×	普通	×	◎	×	普通	×	◎	東南３倍の吉、西北２倍の吉
翌1月	1/6~2/3	×	△	×	×	×	×	×	×	

吉方位 早見表

※吉凶両方位の詳細は、『吉方位早楽・地図上検索システム』（webサイト）をご利用下さい。

【表の見方】◎ 大吉方　○ 吉方　△ 小吉方　▵ 小小吉方　× 凶方　✕ 大凶　吉方か大吉方位の印がある期間に、その方位に３泊４日 100km 以上の旅に出発する、あるいは引っ越しをすることを強くお勧めします。この表には吉方位、凶方位を全て紹介しました。

吉方位・凶方位の詳細は、『吉方位早楽地図上検索システム』（web サイト）でもご覧になれます。

出発日が吉方の期間なら、月の変わり目をまたいで旅行をしても効果はあります。

令和 6 年（2024 年） 9～翌 1 月

年盤					大歳				歳破	
	この期間内に自宅を出発する場合の吉凶	北 30°	東北 60°	東 30°	東南 60°	南 30°	西南 60°	西 30°	西北 60°	備 考
9月	9/8~10/7	×	○	✕	普通	×	○	✕	×	
10月	10/9~11/6	普通	×	×	✕	×	×	×	✕	
11月	11/8~12/6	△	普通	✕	×	△	▵	✕	×	
12月	12/8~1/4	×	普通	×	✕	×	○	×	✕	
翌1月	1/6~2/2	普通	普通	✕	普通	普通	×	✕	×	

令和 7 年（2025 年）

年盤					大歳				歳破	
	この期間内に自宅を出発する場合の吉凶	北 30°	東北 60°	東 30°	東南 60°	南 30°	西南 60°	西 30°	西北 60°	備 考
2月	2/4~3/4	普通	✕	◎	✕	普通	✕	◎	✕	東２倍の吉、西２倍の吉
3月	3/6~4/3	×	×	×	✕	×	×	✕	✕	
4月	4/5~5/4	×	✕	▵	✕	×	✕	▵	✕	
5月	5/6~6/4	×	✕	▵	✕	×	✕	◎	✕	西２倍の吉
6月	6/6~7/6	✕	×	×	✕	×	×	×	✕	
7月	7/8~8/6	普通	✕	◎	✕	×	✕	▵	✕	東２倍の吉
8月	8/8~9/6	○	✕	×	✕	△	×	×	✕	
9月	9/8~10/7	×	×	×	✕	普通	×	▵	✕	
10月	10/9~11/6	普通	×	×	✕	普通	×	×	✕	
11月	11/8~12/6	普通	✕	◎	✕	普通	✕	◎	✕	東３倍の吉、西２倍の吉
12月	12/8~1/4	×	×	×	✕	✕	×	×	✕	
翌1月	1/6~2/3	×	✕	▵	✕	×	✕	▵	✕	

令和 8 年（2026 年）

年盤		歳破				大歳				
	この期間内に自宅を出発する場合の吉凶	北 30°	東北 60°	東 30°	東南 60°	南 30°	西南 60°	西 30°	西北 60°	備 考
2月	2/5~3/4	✕	×	×	▵	✕	✕	×	△	
3月	3/6~4/4	✕	○	✕	▵	✕	○	✕	普通	
4月	4/6~5/4	✕	×	×	×	✕	×	×	✕	
5月	5/6~6/5	✕	▵	✕	○	✕	普通	✕	×	
6月	6/7~7/6	✕	▵	×	✕	✕	△	×	✕	
7月	7/8~8/6	✕	×	✕	▵	✕	△	✕	△	
8月	8/8~9/6	✕	✕	×	×	✕	×	×	×	
9月	9/8~10/7	✕	◎	✕	◎	✕	普通	✕	普通	東北３倍の吉、東南２倍の吉
10月	10/9~11/6	✕	×	×	×	✕	×	×	△	
11月	11/8~12/6	✕	×	×	×	✕	×	×	△	
12月	12/8~1/4	✕	○	✕	▵	✕	△	✕	普通	
翌1月	1/6~2/3	✕	×	×	×	✕	✕	×	×	

三碧木星の人の

令和 9 年（2027 年）

年盤			歳破				大歳			
	この期間内に自宅を出発する場合の吉凶	北 30°	東北 60°	東 30°	東南 60°	南 30°	西南 60°	西 30°	西北 60°	備　考
2月	2/5~3/5	×	×	×	△	×	×	×	△	
3月	3/7~4/4	×	×	普通	×	×	×	×	×	
4月	4/6~5/5	×	×	×	普通	×	×	×	×	
5月	5/7~6/5	×	×	△	×	×	×	○	×	
6月	6/7~7/6	×	×	×	△	×	×	×	△	
7月	7/8~8/7	×	×	普通	普通	×	×	普通	◎	西北２倍の吉
8月	8/9~9/7	×	×	普通	普通	×	×	△	○	
9月	9/9~10/7	×	×	×	普通	×	×	×	△	
10月	10/9~11/7	×	×	△	×	×	×	普通	×	
11月	11/9~12/6	×	×	×	×	×	×	×	△	
12月	12/8~1/5	×	×	普通	×	×	×	普通	×	
翌1月	1/7~2/3	×	×	×	普通	×	×	×	○	

令和 10 年（2028 年）

年盤			歳破				大歳			
	この期間内に自宅を出発する場合の吉凶	北 30°	東北 60°	東 30°	東南 60°	南 30°	西南 60°	西 30°	西北 60°	備　考
2月	2/5~3/4	×	×	△	×	×	×	○	×	
3月	3/6~4/3	×	×	×	△	×	×	×	△	
4月	4/5~5/4	×	×	普通	普通	×	×	△	×	
5月	5/6~6/4	×	×	普通	普通	×	×	◎	×	西３倍の吉
6月	6/6~7/5	×	×	×	普通	×	×	×	△	
7月	7/7~8/6	×	×	○	×	×	×	△	×	
8月	8/8~9/6	×	×	×	△	×	×	×	△	
9月	9/8~10/7	×	×	×	×	×	×	△	×	
10月	10/9~11/6	×	×	×	×	×	×	×	○	
11月	11/8~12/5	×	×	○	×	×	×	○	×	
12月	12/7~1/4	×	×	×	○	×	×	×	△	
翌1月	1/6~2/2	×	×	普通	普通	×	×	△	○	

令和 11 年（2029 年）

年盤				歳破				大歳		
	この期間内に自宅を出発する場合の吉凶	北 30°	東北 60°	東 30°	東南 60°	南 30°	西南 60°	西 30°	西北 60°	備　考
2月	2/4~3/4	×	×	×	普通	×	×	×	△	
3月	3/6~4/3	×	◎	×	普通	×	◎	×	普通	東北２倍の吉、西南３倍の吉
4月	4/5~5/4	×	×	×	×	×	×	×	×	
5月	5/6~6/4	×	△	×	△	×	△	×	×	
6月	6/6~7/6	×	△	×	×	×	○	×	×	
7月	7/8~8/6	×	×	×	普通	×	○	×	△	
8月	8/8~9/6	×	×	×	×	×	×	×	×	
9月	9/8~10/7	×	◎	×	△	×	△	×	普通	東北２倍の吉
10月	10/9~11/6	×	×	×	×	×	×	×	△	
11月	11/8~12/6	×	×	×	×	×	×	×	△	
12月	12/8~1/4	×	◎	×	普通	×	◎	×	普通	東北２倍の吉、西南２倍の吉
翌1月	1/6~2/3	×	×	×	×	×	×	×	×	

吉方位 早見表

※吉凶両方位の詳細は、『吉方位早楽・地図上検索システム』（webサイト）をご利用下さい。

【表の見方】◎ 大吉方　○ 吉方　△ 小吉方　▵ 小小吉方　× 凶方　✕ 大凶　吉方か大吉方位の印がある期間に、その方位に３泊４日 100km 以上の旅に出発する、あるいは引っ越しをすることを強くお勧めします。この表には吉方位、凶方位を全て紹介しました。
吉方位・凶方位の詳細は、『吉方位早楽地図上検索システム』（web サイト）でもご覧になれます。出発日が吉方の期間なら、月の変わり目をまたいで旅行をしても効果はあります。

令和 6 年（2024 年） 9～翌 1 月

年盤					大歳				歳破	
	この期間内に自宅を出発する場合の吉凶	北 30°	東北 60°	東 30°	東南 60°	南 30°	西南 60°	西 30°	西北 60°	備　考
9月	9/8~10/7	△	×	✕	✕	普通	×	✕	✕	
10月	10/9~11/6	普通	△	✕	✕	×	○	✕	✕	
11月	11/8~12/6	△	普通	×	✕	△	▵	×	✕	
12月	12/8~1/4	×	普通	×	✕	×	○	×	✕	
翌1月	1/6~2/2	普通	普通	✕	✕	普通	×	✕	✕	

令和 7 年（2025 年）

年盤					大歳				歳破	
	この期間内に自宅を出発する場合の吉凶	北 30°	東北 60°	東 30°	東南 60°	南 30°	西南 60°	西 30°	西北 60°	備　考
2月	2/4~3/4	普通	✕	✕	◎	普通	✕	✕	×	東南５倍の吉
3月	3/6~4/3	×	✕	×	◎	×	✕	✕	×	東南３倍の吉
4月	4/5~5/4	✕	×	×	▵	✕	×	×	✕	引越のみ東南３倍の吉
5月	5/6~6/4	×	✕	×	▵	×	✕	×	✕	引越のみ東南３倍の吉
6月	6/6~7/6	×	✕	✕	▵	普通	✕	✕	×	引越のみ東南３倍の吉
7月	7/8~8/6	普通	✕	✕	×	×	×	✕	✕	
8月	8/8~9/6	○	✕	×	×	△	×	×	✕	
9月	9/8~10/7	×	×	✕	×	普通	×	×	✕	
10月	10/9~11/6	普通	×	✕	✕	普通	×	✕	✕	
11月	11/8~12/6	普通	✕	✕	×	普通	✕	✕	×	
12月	12/8~1/4	×	✕	×	◎	✕	✕	×	×	東南４倍の吉
翌1月	1/6~2/3	✕	×	×	▵	✕	✕	×	×	引越のみ東南３倍の吉

令和 8 年（2026 年）

年盤		歳破				大歳				
	この期間内に自宅を出発する場合の吉凶	北 30°	東北 60°	東 30°	東南 60°	南 30°	西南 60°	西 30°	西北 60°	備　考
2月	2/5~3/4	✕	✕	普通	▵	✕	✕	○	△	
3月	3/6~4/4	✕	✕	×	▵	✕	✕	✕	普通	
4月	4/6~5/4	✕	×	×	×	✕	×	×	✕	
5月	5/6~6/5	✕	×	△	×	✕	×	▵	✕	
6月	6/7~7/6	✕	×	普通	×	✕	×	▵	×	
7月	7/8~8/6	✕	✕	×	×	✕	×	×	×	
8月	8/8~9/6	✕	✕	×	○	✕	✕	×	△	
9月	9/8~10/7	✕	✕	×	◎	✕	✕	◎	普通	東南２倍の吉、西２倍の吉
10月	10/9~11/6	✕	×	普通	×	✕	×	▵	△	
11月	11/8~12/6	✕	✕	普通	×	✕	✕	○	△	
12月	12/8~1/4	✕	✕	×	▵	✕	✕	×	普通	
翌1月	1/6~2/3	✕	×	×	×	✕	✕	×	×	

◎印は2倍吉以上、○印は吉方、×印は凶方、✕印は大凶方、△は小吉方、▵印は小小吉方

四緑木星の人の

令和 9 年（2027 年）

年盤			歳破				大歳			
	この期間内に自宅を出発する場合の吉凶	北 30°	東北 60°	東 30°	東南 60°	南 30°	西南 60°	西 30°	西北 60°	備　考
2月	2/5~3/5	×	×	△	×	×	×	普通	×	
3月	3/7~4/4	×	×	普通	×	×	○	×	×	
4月	4/6~5/5	×	×	×	×	×	△	×	×	
5月	5/7~6/5	×	×	×	△	×	×	×	×	
6月	6/7~7/6	×	×	普通	△	×	×	△	△	
7月	7/8~8/7	×	×	普通	普通	×	普通	普通	◎	西北２倍の吉
8月	8/9~9/7	×	×	普通	普通	×	×	△	○	
9月	9/9~10/7	×	×	×	普通	×	×	×	△	
10月	10/9~11/7	×	×	×	×	×	△	×	×	
11月	11/9~12/6	×	×	○	×	×	普通	普通	×	
12月	12/8~1/5	×	×	普通	×	×	△	普通	×	
翌1月	1/7~2/3	×	×	×	×	×	×	×	×	

令和 10 年（2028 年）

年盤			歳破				大歳			
	この期間内に自宅を出発する場合の吉凶	北 30°	東北 60°	東 30°	東南 60°	南 30°	西南 60°	西 30°	西北 60°	備　考
2月	2/5~3/4	×	×	×	△	×	×	×	○	
3月	3/6~4/3	×	×	普通	△	×	×	×	△	
4月	4/5~5/4	×	×	普通	普通	×	×	△	×	
5月	5/6~6/4	×	×	普通	普通	×	×	◎	×	西３倍の吉
6月	6/6~7/5	×	×	×	普通	×	×	×	△	
7月	7/7~8/6	×	×	×	×	×	×	×	×	
8月	8/8~9/6	×	×	△	×	×	×	△	×	
9月	9/8~10/7	×	×	×	×	×	×	△	×	
10月	10/9~11/6	×	×	×	×	×	×	×	×	
11月	11/8~12/5	×	×	×	×	×	×	×	○	
12月	12/7~1/4	×	×	普通	○	×	×	○	△	
翌1月	1/6~2/2	×	×	普通	普通	×	×	△	○	

令和 11 年（2029 年）

年盤				歳破				大歳		
	この期間内に自宅を出発する場合の吉凶	北 30°	東北 60°	東 30°	東南 60°	南 30°	西南 60°	西 30°	西北 60°	備　考
2月	2/4~3/4	×	×	×	普通	×	×	×	△	
3月	3/6~4/3	◎	×	×	普通	普通	×	×	普通	北２倍の吉
4月	4/5~5/4	△	×	×	×	×	×	×	×	
5月	5/6~6/4	○	×	×	×	△	×	×	×	
6月	6/6~7/6	×	×	×	×	普通	×	×	×	
7月	7/8~8/6	△	×	×	×	普通	×	×	×	
8月	8/8~9/6	△	×	×	△	普通	×	×	△	
9月	9/8~10/7	×	×	×	△	×	×	×	普通	
10月	10/9~11/6	×	×	×	×	×	×	×	△	
11月	11/8~12/6	×	×	×	×	×	×	×	△	
12月	12/8~1/4	◎	×	×	普通	×	×	×	普通	北２倍の吉
翌1月	1/6~2/3	△	×	×	×	×	×	×	×	

吉方位 早見表

※吉凶両方位の詳細は、『吉方位早楽・地図上検索システム』（webサイト）をご利用下さい。

【表の見方】◎ 大吉方　○ 吉方　△ 小吉方　▵ 小小吉方　× 凶方　✕ 大凶　吉方か大吉方位の印がある期間に、その方位に３泊４日 100km 以上の旅に出発する、あるいは引っ越しをすることを強くお勧めします。この表には吉方位、凶方位を全て紹介しました。

吉方位・凶方位の詳細は、『吉方位早楽地図上検索システム』（web サイト）でもご覧になれます。

出発日が吉方の期間なら、月の変わり目をまたいで旅行をしても効果はあります。

令和 6 年（2024 年） 9～翌 1 月

年盤					大歳				歳破	
	この期間内に自宅を出発する場合の吉凶	北 30°	東北 60°	東 30°	東南 60°	南 30°	西南 60°	西 30°	西北 60°	備　考
9月	9/8~10/7	▵	▵	✕	◎	○	▵	✕	×	東南３倍の吉
10月	10/9~11/6	○	○	✕	✕	×	▵	✕	✕	
11月	11/8~12/6	▵	○	✕	×	○	○	✕	×	
12月	12/8~1/4	×	○	✕	✕	×	▵	✕	✕	
翌1月	1/6~2/2	◎	◎	✕	◎	◎	×	✕	×	北2倍吉、東北2倍吉、東南5倍吉、南2倍吉

令和 7 年（2025 年）

年盤					大歳				歳破	
	この期間内に自宅を出発する場合の吉凶	北 30°	東北 60°	東 30°	東南 60°	南 30°	西南 60°	西 30°	西北 60°	備　考
2月	2/4~3/4	◎	✕	◎	普通	◎	✕	普通	×	北2倍の吉、東2倍の吉、南3倍の吉
3月	3/6~4/3	✕	✕	○	△	✕	✕	×	×	
4月	4/5~5/4	✕	✕	○	△	✕	✕	△	✕	
5月	5/6~6/4	▵	✕	○	△	▵	✕	普通	✕	
6月	6/6~7/6	×	✕	✕	△	○	✕	✕	×	
7月	7/8~8/6	○	✕	▵	✕	×	✕	△	✕	
8月	8/8~9/6	▵	✕	▵	普通	○	✕	△	×	
9月	9/8~10/7	×	✕	×	✕	○	✕	△	✕	
10月	10/9~11/6	○	✕	✕	×	◎	✕	✕	×	南2倍の吉
11月	11/8~12/6	◎	✕	◎	×	◎	✕	普通	×	北2倍の吉、東3倍の吉、南2倍の吉
12月	12/8~1/4	✕	✕	○	○	✕	✕	普通	×	
翌1月	1/6~2/3	✕	✕	○	△	✕	✕	○	×	

令和 8 年（2026 年）

年盤		歳破				大歳				
	この期間内に自宅を出発する場合の吉凶	北 30°	東北 60°	東 30°	東南 60°	南 30°	西南 60°	西 30°	西北 60°	備　考
2月	2/5~3/4	✕	✕	○	○	✕	✕	普通	○	
3月	3/6~4/4	✕	普通	✕	○	✕	▵	✕	○	
4月	4/6~5/4	✕	△	▵	✕	✕	▵	△	✕	
5月	5/6~6/5	✕	△	▵	▵	✕	○	○	×	
6月	6/7~7/6	✕	△	○	✕	✕	▵	△	✕	
7月	7/8~8/6	✕	×	✕	○	✕	○	✕	▵	
8月	8/8~9/6	✕	✕	○	▵	✕	✕	普通	▵	
9月	9/8~10/7	✕	普通	×	◎	✕	◎	普通	◎	東南2倍の吉、西南2倍の吉、西北2倍の吉
10月	10/9~11/6	✕	普通	○	×	✕	○	△	▵	
11月	11/8~12/6	✕	✕	◎	×	✕	✕	普通	○	東2倍の吉
12月	12/8~1/4	✕	普通	✕	◎	✕	▵	✕	○	東南2倍の吉
翌1月	1/6~2/3	✕	△	▵	✕	✕	×	○	✕	

◎印は2倍吉以上、○印は吉方、×印は凶方、✕印は大凶方、△は小吉方、▵印は小小吉方

五黄土星の人の

令和 9 年（2027 年）

年盤		北	歳破	東	東南	南	大歳	西	西北	
	この期間内に自宅を出発する場合の吉凶	北 30°	東北 60°	東 30°	東南 60°	南 30°	西南 60°	西 30°	西北 60°	備　考
2月	2/5~3/5	×	×	△	△	×	×	○	△	
3月	3/7~4/4	×	×	○	×	×	△	×	×	引越のみ西南3倍の吉
4月	4/6~5/5	×	×	×	○	×	◎	×	×	西南3倍の吉
5月	5/7~6/5	×	×	○	△	×	×	△	×	
6月	6/7~7/6	×	×	○	○	×	◎	△	○	西南3倍の吉
7月	7/8~8/7	×	×	◎	◎	×	◎	◎	普通	東3倍の吉、東南2倍の吉、西南5倍の吉、西2倍の吉
8月	8/9~9/7	×	×	○	○	×	×	△	△	
9月	9/9~10/7	×	×	×	○	×	△	×	△	引越のみ西南3倍の吉
10月	10/9~11/7	×	×	△	×	×	△	○	×	引越のみ西南3倍の吉
11月	11/9~12/6	×	×	△	×	×	◎	○	△	西南3倍の吉
12月	12/8~1/5	×	×	○	×	×	△	○	×	引越のみ西南3倍の吉
翌1月	1/7~2/3	×	×	×	○	×	×	×	普通	

令和 10 年（2028 年）

年盤			歳破				大歳			
	この期間内に自宅を出発する場合の吉凶	北 30°	東北 60°	東 30°	東南 60°	南 30°	西南 60°	西 30°	西北 60°	備　考
2月	2/5~3/4	△	×	○	△	○	×	普通	△	
3月	3/6~4/3	×	×	○	○	×	×	×	○	
4月	4/5~5/4	×	×	○	○	×	×	△	×	
5月	5/6~6/4	普通	×	◎	◎	普通	×	普通	×	東2倍の吉、東南2倍の吉
6月	6/6~7/5	×	×	×	○	△	×	×	◎	西北2倍の吉
7月	7/7~8/6	△	×	△	×	×	×	△	×	
8月	8/8~9/6	普通	×	△	△	△	×	△	○	
9月	9/8~10/7	×	×	×	×	△	×	△	×	
10月	10/9~11/6	△	×	×	×	○	×	×	△	
11月	11/8~12/5	△	×	◎	×	△	×	普通	△	東2倍の吉
12月	12/7~1/4	×	×	○	◎	×	×	普通	○	東南2倍の吉
翌1月	1/6~2/2	×	×	○	○	×	×	○	△	

令和 11 年（2029 年）

年盤				歳破				大歳		
	この期間内に自宅を出発する場合の吉凶	北 30°	東北 60°	東 30°	東南 60°	南 30°	西南 60°	西 30°	西北 60°	備　考
2月	2/4~3/4	普通	×	×	○	△	×	×	○	
3月	3/6~4/3	普通	普通	×	◎	◎	普通	×	◎	東南2倍の吉、南2倍の吉、西北2倍の吉
4月	4/5~5/4	○	△	×	×	×	普通	×	×	
5月	5/6~6/4	普通	△	×	△	○	△	×	×	
6月	6/6~7/6	×	△	×	×	○	普通	×	×	
7月	7/8~8/6	△	×	×	○	○	△	×	△	
8月	8/8~9/6	○	×	×	△	○	×	×	△	
9月	9/8~10/7	×	普通	×	○	×	△	×	○	
10月	10/9~11/6	×	普通	×	×	×	△	×	△	
11月	11/8~12/6	普通	×	×	×	△	×	×	○	
12月	12/8~1/4	普通	普通	×	◎	×	普通	×	◎	東南3倍の吉、西北2倍の吉
翌1月	1/6~2/3	△	△	×	×	×	×	×	×	

吉方位 早見表

※吉凶両方位の詳細は、『吉方位早楽・地図上検索システム』（webサイト）をご利用下さい。

【表の見方】◎ 大吉方　○ 吉方　△ 小吉方　▵ 小小吉方　× 凶方　✕ 大凶　吉方か大吉方位の印がある期間に、その方位に３泊４日 100km 以上の旅に出発する、あるいは引っ越しをすることを強くお勧めします。この表には吉方位、凶方位を全て紹介しました。

吉方位・凶方位の詳細は、『吉方位早楽地図上検索システム』（web サイト）でもご覧になれます。

出発日が吉方の期間なら、月の変わり目をまたいで旅行をしても効果はあります。

令和 6 年（2024 年） 9～翌 1 月

年盤					大歳				歳破	
	この期間内に自宅を出発する場合の吉凶	北 30°	東北 60°	東 30°	東南 60°	南 30°	西南 60°	西 30°	西北 60°	備　考
9 月	9/8~10/7	▵	×	✕	×	○	×	✕	✕	
10 月	10/9~11/6	○	×	×	✕	×	×	×	✕	
11 月	11/8~12/6	○	×	×	✕	▵	×	×	✕	
12 月	12/8~1/4	×	×	✕	×	×	×	✕	×	
翌1月	1/6~2/2	◎	✕	✕	◎	◎	✕	✕	×	北2倍の吉、東南5倍の吉、南2倍の吉

令和 7 年（2025 年）

年盤					大歳				歳破	
	この期間内に自宅を出発する場合の吉凶	北 30°	東北 60°	東 30°	東南 60°	南 30°	西南 60°	西 30°	西北 60°	備　考
2 月	2/4~3/4	✕	✕	普通	◎	✕	✕	普通	×	東南５倍の吉
3 月	3/6~4/3	✕	×	△	▵	✕	×	×	×	引越のみ東南３倍の吉
4 月	4/5~5/4	✕	✕	△	◎	✕	✕	△	✕	東南３倍の吉
5 月	5/6~6/4	×	✕	×	◎	×	✕	×	✕	東南３倍の吉
6 月	6/6~7/6	✕	×	×	×	×	×	×	✕	
7 月	7/8~8/6	×	✕	普通	×	✕	×	△	✕	
8 月	8/8~9/6	×	✕	普通	×	×	×	△	✕	
9 月	9/8~10/7	✕	×	✕	×	×	×	×	✕	
10 月	10/9~11/6	×	✕	×	×	×	✕	×	×	
11 月	11/8~12/6	✕	✕	普通	×	✕	✕	普通	×	
12 月	12/8~1/4	✕	×	△	▵	✕	×	普通	×	引越のみ東南３倍の吉
翌1月	1/6~2/3	✕	✕	△	◎	✕	✕	○	×	東南３倍の吉

令和 8 年（2026 年）

年盤		歳破				大歳				
	この期間内に自宅を出発する場合の吉凶	北 30°	東北 60°	東 30°	東南 60°	南 30°	西南 60°	西 30°	西北 60°	備　考
2 月	2/5~3/4	✕	×	×	△	✕	✕	×	▵	
3 月	3/6~4/4	✕	△	×	×	✕	▵	✕	×	
4 月	4/6~5/4	✕	普通	▵	×	✕	▵	△	✕	
5 月	5/6~6/5	✕	△	▵	×	✕	○	○	✕	
6 月	6/7~7/6	✕	△	×	×	✕	○	×	×	
7 月	7/8~8/6	✕	✕	×	△	✕	×	×	▵	
8 月	8/8~9/6	✕	✕	▵	△	✕	×	普通	▵	
9 月	9/8~10/7	✕	普通	×	普通	✕	◎	普通	◎	西南２倍の吉、西北２倍の吉
10 月	10/9~11/6	✕	×	○	×	✕	×	△	○	
11 月	11/8~12/6	✕	×	×	×	✕	×	×	▵	
12 月	12/8~1/4	✕	△	×	×	✕	▵	×	×	
翌1月	1/6~2/3	✕	普通	▵	×	✕	×	○	×	

◎印は2倍吉以上、○印は吉方、×印は凶方、✕印は大凶方、△は小吉方、▵印は小小吉方 方位

六白金星の人の

令和 9 年（2027 年）

年盤			歳破				大歳			
	この期間内に自宅を出発する場合の吉凶	北 30°	東北 60°	東 30°	東南 60°	南 30°	西南 60°	西 30°	西北 60°	備　考
2月	2/5~3/5	×	✕	△	×	×	✕	○	×	
3月	3/7~4/4	✕	✕	×	×	×	✕	✕	×	
4月	4/6~5/5	×	✕	×	○	×	✕	×	×	
5月	5/7~6/5	✕	✕	△	○	✕	✕	△	×	
6月	6/7~7/6	✕	✕	○	△	✕	✕	△	◎	西北2倍の吉
7月	7/8~8/7	✕	✕	◎	◎	✕	✕	◎	◎	東3倍の吉、東南2倍の吉、西2倍の吉、西北2倍の吉
8月	8/9~9/7	×	✕	×	○	×	✕	×	△	
9月	9/9~10/7	×	✕	✕	×	×	✕	×	×	
10月	10/9~11/7	×	✕	△	✕	✕	✕	○	×	
11月	11/9~12/6	×	✕	△	✕	×	✕	○	×	
12月	12/8~1/5	✕	✕	×	×	✕	✕	×	×	
翌1月	1/7~2/3	×	✕	×	○	×	✕	×	△	

令和 10 年（2028 年）

年盤			歳破				大歳			
	この期間内に自宅を出発する場合の吉凶	北 30°	東北 60°	東 30°	東南 60°	南 30°	西南 60°	西 30°	西北 60°	備　考
2月	2/5~3/4	×	✕	×	○	×	✕	×	普通	
3月	3/6~4/3	✕	✕	×	△	✕	✕	✕	△	
4月	4/5~5/4	×	✕	×	○	×	✕	×	×	
5月	5/6~6/4	普通	✕	✕	◎	普通	✕	✕	×	東南2倍の吉
6月	6/6~7/5	×	✕	✕	×	△	✕	✕	×	
7月	7/7~8/6	△	✕	×	×	×	✕	×	×	
8月	8/8~9/6	○	✕	×	×	普通	✕	×	×	
9月	9/8~10/7	×	✕	✕	×	△	✕	✕	×	
10月	10/9~11/6	△	✕	✕	×	○	✕	✕	普通	
11月	11/8~12/5	×	✕	×	×	×	✕	×	普通	
12月	12/7~1/4	✕	✕	×	△	✕	✕	×	△	
翌1月	1/6~2/2	×	✕	×	○	×	✕	×	△	

令和 11 年（2029 年）

年盤				歳破				大歳		
	この期間内に自宅を出発する場合の吉凶	北 30°	東北 60°	東 30°	東南 60°	南 30°	西南 60°	西 30°	西北 60°	備　考
2月	2/4~3/4	普通	×	✕	×	△	✕	✕	×	
3月	3/6~4/3	普通	◎	✕	✕	◎	普通	✕	✕	東北2倍の吉、南2倍の吉
4月	4/5~5/4	○	△	✕	✕	×	普通	✕	✕	
5月	5/6~6/4	△	○	✕	✕	△	△	✕	✕	
6月	6/6~7/6	✕	○	✕	✕	○	△	✕	✕	
7月	7/8~8/6	△	✕	✕	×	○	×	✕	×	
8月	8/8~9/6	×	✕	✕	×	×	×	✕	×	
9月	9/8~10/7	✕	△	✕	×	✕	△	✕	×	
10月	10/9~11/6	×	×	✕	✕	×	×	✕	×	
11月	11/8~12/6	普通	×	✕	✕	△	×	✕	×	
12月	12/8~1/4	普通	◎	✕	✕	×	普通	✕	✕	東北2倍の吉
翌1月	1/6~2/3	△	△	✕	✕	×	×	✕	✕	

吉方位 早見表

※吉凶両方位の詳細は、『吉方位早楽・地図上検索システム』（webサイト）をご利用下さい。

【表の見方】◎ 大吉方　○ 吉方　△ 小吉方　▵ 小小吉方　× 凶方　✕ 大凶　吉方か大吉方位の印がある期間に、その方位に３泊４日 100km 以上の旅に出発する、あるいは引っ越しをすることを強くお勧めします。この表には吉方位、凶方位を全て紹介しました。

吉方位・凶方位の詳細は、『吉方位早楽地図上検索システム』（web サイト）でもご覧になれます。

出発日が吉方の期間なら、月の変わり目をまたいで旅行をしても効果はあります。

令和 6 年（2024 年） 9～翌 1 月

年盤					大歳				歳破	
	この期間内に自宅を出発する場合の吉凶	北 30°	東北 60°	東 30°	東南 60°	南 30°	西南 60°	西 30°	西北 60°	備　考
9月	9/8~10/7	×	◎	✕	◎	×	普通	✕	×	東北2倍の吉、東南3倍の吉
10月	10/9~11/6	×	▵	×	✕	✕	普通	×	✕	
11月	11/8~12/6	×	○	✕	×	×	△	✕	×	
12月	12/8~1/4	✕	×	×	×	✕	×	×	✕	
翌1月	1/6~2/2	✕	◎	✕	◎	✕	×	✕	×	東北2倍の吉、東南5倍の吉

令和 7 年（2025 年）

年盤					大歳				歳破	
	この期間内に自宅を出発する場合の吉凶	北 30°	東北 60°	東 30°	東南 60°	南 30°	西南 60°	西 30°	西北 60°	備　考
2月	2/4~3/4	✕	✕	普通	◎	✕	✕	普通	✕	東南5倍の吉
3月	3/6~4/3	✕	✕	△	▵	✕	✕	×	×	引越のみ東南3倍の吉
4月	4/5~5/4	✕	×	×	◎	✕	×	×	✕	東南3倍の吉
5月	5/6~6/4	×	✕	△	×	×	✕	○	✕	
6月	6/6~7/6	✕	×	×	◎	×	×	×	×	東南3倍の吉
7月	7/8~8/6	×	✕	普通	✕	✕	×	△	✕	
8月	8/8~9/6	×	✕	×	▵	×	×	×	×	引越のみ東南3倍の吉
9月	9/8~10/7	✕	✕	×	×	×	✕	△	✕	
10月	10/9~11/6	✕	×	×	×	✕	×	×	×	
11月	11/8~12/6	✕	✕	普通	×	✕	✕	普通	×	
12月	12/8~1/4	✕	✕	△	▵	✕	✕	普通	×	引越のみ東南3倍の吉
翌1月	1/6~2/3	✕	×	×	◎	✕	✕	×	×	東南3倍の吉

令和 8 年（2026 年）

年盤		歳破				大歳				
	この期間内に自宅を出発する場合の吉凶	北 30°	東北 60°	東 30°	東南 60°	南 30°	西南 60°	西 30°	西北 60°	備　考
2月	2/5~3/4	✕	✕	○	×	✕	✕	△	×	
3月	3/6~4/4	✕	×	×	△	✕	×	✕	○	
4月	4/6~5/4	✕	×	▵	✕	✕	×	△	✕	
5月	5/6~6/5	✕	×	×	普通	✕	×	×	×	
6月	6/7~7/6	✕	✕	○	×	✕	✕	△	×	
7月	7/8~8/6	✕	✕	×	△	✕	×	×	▵	
8月	8/8~9/6	✕	✕	▵	△	✕	✕	普通	▵	
9月	9/8~10/7	✕	✕	×	普通	✕	✕	普通	◎	西北2倍の吉
10月	10/9~11/6	✕	×	×	×	✕	×	×	○	
11月	11/8~12/6	✕	✕	◎	✕	✕	✕	△	×	東2倍の吉
12月	12/8~1/4	✕	×	×	○	✕	×	×	○	
翌1月	1/6~2/3	✕	×	▵	✕	✕	✕	○	✕	

◎印は2倍吉以上、○印は吉方、×印は凶方、✕印は大凶方、△は小吉方、▵印は小小吉方

七赤金星の人の

令和 9 年（2027 年）

年盤			歳破				大歳			
	この期間内に自宅を出発する場合の吉凶	北 30°	東北 60°	東 30°	東南 60°	南 30°	西南 60°	西 30°	西北 60°	備考
2月	2/5~3/5	×	×	×	△	×	×	×	○	
3月	3/7~4/4	×	×	×	×	×	×	×	×	
4月	4/6~5/5	×	×	×	○	×	△	×	×	引越のみ西南3倍の吉
5月	5/7~6/5	×	×	×	○	×	×	×	×	
6月	6/7~7/6	×	×	×	△	×	×	×	◎	西北2倍の吉
7月	7/8~8/7	×	×	×	◎	×	◎	×	◎	東南2倍の吉、西南5倍の吉、西北2倍の吉
8月	8/9~9/7	×	×	×	×	×	×	×	×	
9月	9/9~10/7	×	×	×	○	×	△	×	○	引越のみ西南3倍の吉
10月	10/9~11/7	×	×	×	×	×	△	×	×	引越のみ西南3倍の吉
11月	11/9~12/6	×	×	×	×	×	◎	×	○	西南3倍の吉
12月	12/8~1/5	×	×	×	×	×	×	×	×	
翌1月	1/7~2/3	×	×	×	○	×	×	×	△	

令和 10 年（2028 年）

年盤			歳破				大歳			
	この期間内に自宅を出発する場合の吉凶	北 30°	東北 60°	東 30°	東南 60°	南 30°	西南 60°	西 30°	西北 60°	備考
2月	2/5~3/4	×	×	△	×	×	×	△	×	
3月	3/6~4/3	×	×	○	×	×	×	×	×	
4月	4/5~5/4	×	×	×	×	×	×	×	×	
5月	5/6~6/4	普通	×	◎	×	普通	×	◎	×	東2倍の吉、西3倍の吉
6月	6/6~7/5	×	×	×	×	△	×	×	×	
7月	7/7~8/6	△	×	△	×	×	×	○	×	
8月	8/8~9/6	○	×	×	×	普通	×	×	×	
9月	9/8~10/7	×	×	×	×	△	×	○	×	
10月	10/9~11/6	×	×	×	×	×	×	×	×	
11月	11/8~12/5	×	×	△	×	×	×	△	×	
12月	12/7~1/4	×	×	○	×	×	×	△	×	
翌1月	1/6~2/2	×	×	×	×	×	×	×	×	

令和 11 年（2029 年）

年盤				歳破				大歳		
	この期間内に自宅を出発する場合の吉凶	北 30°	東北 60°	東 30°	東南 60°	南 30°	西南 60°	西 30°	西北 60°	備考
2月	2/4~3/4	普通	×	×	×	△	×	×	×	
3月	3/6~4/3	普通	◎	×	◎	◎	普通	×	◎	東北2倍の吉、東南2倍の吉、南2倍の吉、西北2倍の吉
4月	4/5~5/4	○	△	×	×	×	普通	×	×	
5月	5/6~6/4	△	○	×	△	△	△	×	×	
6月	6/6~7/6	×	×	×	×	○	×	×	×	
7月	7/8~8/6	×	×	×	○	×	普通	×	△	
8月	8/8~9/6	×	×	×	○	×	×	×	△	
9月	9/8~10/7	×	×	×	△	×	×	×	○	
10月	10/9~11/6	×	△	×	×	×	△	×	○	
11月	11/8~12/6	普通	×	×	×	△	×	×	×	
12月	12/8~1/4	普通	◎	×	◎	×	普通	×	◎	東北2倍の吉、東南3倍の吉、西北2倍の吉
翌1月	1/6~2/3	△	△	×	×	×	×	×	×	

吉方位 早見表

※吉凶両方位の詳細は、『吉方位早楽・地図上検索システム』（webサイト）をご利用下さい。

【表の見方】◎ 大吉方　○ 吉方　△ 小吉方　▵ 小小吉方　× 凶方　✕ 大凶　吉方か大吉方位の印がある期間に、その方位に３泊４日 100km 以上の旅に出発する、あるいは引っ越しをすることを強くお勧めします。この表には吉方位、凶方位を全て紹介しました。

吉方位・凶方位の詳細は、『吉方位早楽地図上検索システム』（web サイト）でもご覧になれます。

出発日が吉方の期間なら、月の変わり目をまたいで旅行をしても効果はあります。

令和 6 年（2024 年）9～翌 1 月

年盤					大歳				歳破	
	この期間内に自宅を出発する場合の吉凶	北 30°	東北 60°	東 30°	東南 60°	南 30°	西南 60°	西 30°	西北 60°	備考
9月	9/8~10/7	×	▵	✕	×	×	▵	✕	✕	
10月	10/9~11/6	×	○	✕	✕	✕	▵	✕	✕	
11月	11/8~12/6	×	×	×	×	×	×	×	×	
12月	12/8~1/4	✕	○	×	×	✕	▵	×	✕	
翌1月	1/6~2/2	✕	◎	✕	◎	✕	×	✕	×	東北２倍の吉、東南５倍の吉

令和 7 年（2025 年）

年盤					大歳				歳破	
	この期間内に自宅を出発する場合の吉凶	北 30°	東北 60°	東 30°	東南 60°	南 30°	西南 60°	西 30°	西北 60°	備考
2月	2/4~3/4	◎	✕	◎	普通	◎	✕	普通	×	北2倍の吉、東2倍の吉、南3倍の吉
3月	3/6~4/3	×	✕	×	△	×	✕	✕	×	
4月	4/5~5/4	×	✕	○	×	×	✕	△	✕	
5月	5/6~6/4	▵	✕	○	△	▵	✕	普通	✕	
6月	6/6~7/6	×	✕	×	×	○	✕	×	✕	
7月	7/8~8/6	○	✕	×	×	×	✕	×	✕	
8月	8/8~9/6	▵	✕	▵	普通	○	✕	△	×	
9月	9/8~10/7	✕	✕	×	×	×	✕	△	✕	
10月	10/9~11/6	×	✕	×	×	×	✕	×	×	
11月	11/8~12/6	◎	✕	◎	×	◎	✕	普通	×	北2倍の吉、東3倍の吉、南2倍の吉
12月	12/8~1/4	×	✕	×	○	✕	✕	×	×	
翌1月	1/6~2/3	×	✕	○	×	×	✕	○	✕	

令和 8 年（2026 年）

年盤		歳破				大歳				
	この期間内に自宅を出発する場合の吉凶	北 30°	東北 60°	東 30°	東南 60°	南 30°	西南 60°	西 30°	西北 60°	備考
2月	2/5~3/4	✕	×	×	○	✕	✕	×	○	
3月	3/6~4/4	✕	普通	✕	×	✕	▵	✕	×	
4月	4/6~5/4	✕	△	✕	×	✕	▵	✕	✕	
5月	5/6~6/5	✕	×	×	▵	✕	×	×	×	
6月	6/7~7/6	✕	△	×	×	✕	▵	×	×	
7月	7/8~8/6	✕	×	✕	○	✕	○	✕	▵	
8月	8/8~9/6	✕	✕	×	▵	✕	✕	×	▵	
9月	9/8~10/7	✕	普通	✕	◎	✕	◎	✕	◎	東南2倍の吉、西南2倍の吉、西北2倍の吉
10月	10/9~11/6	✕	普通	×	✕	✕	○	×	×	
11月	11/8~12/6	✕	×	×	×	✕	×	×	○	
12月	12/8~1/4	✕	普通	✕	×	✕	▵	✕	×	
翌1月	1/6~2/3	✕	△	✕	×	✕	×	✕	×	

◎印は2倍吉以上、○印は吉方、×印は凶方、✕印は大凶方、△は小吉方、▵印は小小吉方位

八白土星の人の

令和 9 年（2027 年）

年盤			歳破				大歳			
	この期間内に自宅を出発する場合の吉凶	北 30°	東北 60°	東 30°	東南 60°	南 30°	西南 60°	西 30°	西北 60°	備　考
2月	2/5~3/5	×	✕	▵	×	×	✕	○	×	
3月	3/7~4/4	✕	×	○	✕	✕	▵	×	✕	引越のみ西南3倍の吉
4月	4/6~5/5	✕	×	×	×	✕	◎	×	✕	西南3倍の吉
5月	5/7~6/5	×	✕	○	×	×	✕	▵	✕	
6月	6/7~7/6	✕	×	×	×	✕	◎	×	×	西南3倍の吉
7月	7/8~8/7	✕	✕	◎	✕	✕	◎	◎	✕	東3倍の吉、西南5倍の吉、西2倍の吉
8月	8/9~9/7	×	✕	○	×	×	×	▵	×	
9月	9/9~10/7	×	×	✕	✕	×	▵	×	✕	引越のみ西南3倍の吉
10月	10/9~11/7	×	×	×	✕	✕	▵	×	✕	引越のみ西南3倍の吉
11月	11/9~12/6	×	✕	▵	✕	×	×	○	×	
12月	12/8~1/5	✕	×	○	✕	✕	▵	○	✕	引越のみ西南3倍の吉
翌1月	1/7~2/3	✕	×	×	×	✕	×	×	×	

令和 10 年（2028 年）

年盤			歳破				大歳			
	この期間内に自宅を出発する場合の吉凶	北 30°	東北 60°	東 30°	東南 60°	南 30°	西南 60°	西 30°	西北 60°	備　考
2月	2/5~3/4	△	✕	○	▵	○	✕	普通	▵	
3月	3/6~4/3	×	✕	×	○	×	✕	✕	○	
4月	4/5~5/4	×	✕	○	×	×	✕	△	✕	
5月	5/6~6/4	普通	✕	◎	◎	普通	✕	普通	×	東2倍の吉、東南2倍の吉
6月	6/6~7/5	×	✕	×	×	△	✕	×	×	
7月	7/7~8/6	△	✕	×	×	×	✕	×	×	
8月	8/8~9/6	普通	✕	▵	▵	△	✕	△	○	
9月	9/8~10/7	✕	✕	×	×	×	✕	△	×	
10月	10/9~11/6	×	✕	×	×	×	✕	×	▵	
11月	11/8~12/5	△	✕	◎	×	△	✕	普通	▵	東2倍の吉
12月	12/7~1/4	×	✕	×	◎	✕	✕	×	○	東南2倍の吉
翌1月	1/6~2/2	×	✕	○	×	×	✕	○	×	

令和 11 年（2029 年）

年盤				歳破				大歳		
	この期間内に自宅を出発する場合の吉凶	北 30°	東北 60°	東 30°	東南 60°	南 30°	西南 60°	西 30°	西北 60°	備　考
2月	2/4~3/4	普通	×	✕	×	▵	✕	✕	×	
3月	3/6~4/3	普通	普通	✕	✕	◎	普通	✕	✕	南2倍の吉
4月	4/5~5/4	○	△	✕	✕	×	普通	✕	✕	
5月	5/6~6/4	普通	×	✕	×	○	×	✕	✕	
6月	6/6~7/6	✕	△	✕	✕	×	普通	✕	✕	
7月	7/8~8/6	×	×	✕	×	×	△	✕	×	
8月	8/8~9/6	○	✕	✕	×	○	✕	✕	×	
9月	9/8~10/7	×	普通	✕	×	×	△	✕	×	
10月	10/9~11/6	×	普通	✕	✕	×	△	✕	✕	
11月	11/8~12/6	普通	×	✕	✕	▵	×	✕	×	
12月	12/8~1/4	普通	普通	✕	✕	×	普通	✕	✕	
翌1月	1/6~2/3	△	△	✕	✕	×	×	✕	✕	

吉方位 早見表

※吉凶両方位の詳細は、『吉方位早楽・地図上検索システム』（webサイト）をご利用下さい。

【表の見方】◎ 大吉方　○ 吉方　△ 小吉方　▵ 小小吉方　× 凶方　✕ 大凶　吉方か大吉方位の印がある期間に、その方位に３泊４日 100km 以上の旅に出発する、あるいは引っ越しをすることを強くお勧めします。この表には吉方位、凶方位を全て紹介しました。

吉方位・凶方位の詳細は、『吉方位早楽地図上検索システム』（web サイト）でもご覧になれます。

出発日が吉方の期間なら、月の変わり目をまたいで旅行をしても効果はあります。

令和 6 年（2024 年） 9～翌 1 月

年盤					大歳				歳破	
	この期間内に自宅を出発する場合の吉凶	北 30°	東北 60°	東 30°	東南 60°	南 30°	西南 60°	西 30°	西北 60°	備　考
9月	9/8~10/7	○	×	✕	▵	△	×	✕	×	引越のみ東南３倍の吉
10月	10/9~11/6	○	✕	×	✕	×	✕	×	✕	
11月	11/8~12/6	×	×	×	×	×	×	×	×	
12月	12/8~1/4	✕	×	×	×	✕	×	×	✕	
翌1月	1/6~2/2	◎	✕	✕	◎	普通	✕	✕	×	北２倍の吉、東南５倍の吉

令和 7 年（2025 年）

年盤					大歳				歳破	
	この期間内に自宅を出発する場合の吉凶	北 30°	東北 60°	東 30°	東南 60°	南 30°	西南 60°	西 30°	西北 60°	備　考
2月	2/4~3/4	普通	✕	✕	普通	普通	✕	✕	×	
3月	3/6~4/3	×	×	×	×	×	×	✕	✕	
4月	4/5~5/4	×	×	×	△	×	×	×	✕	
5月	5/6~6/4	△	✕	×	×	△	✕	×	✕	
6月	6/6~7/6	×	×	✕	普通	△	×	✕	×	
7月	7/8~8/6	△	✕	×	×	×	✕	×	✕	
8月	8/8~9/6	×	✕	×	△	×	×	×	×	
9月	9/8~10/7	✕	×	✕	×	×	×	×	✕	
10月	10/9~11/6	△	✕	✕	×	普通	✕	✕	×	
11月	11/8~12/6	普通	✕	✕	×	普通	✕	✕	×	
12月	12/8~1/4	×	×	×	×	✕	×	×	✕	
翌1月	1/6~2/3	×	×	×	△	×	✕	×	×	

令和 8 年（2026 年）

年盤		歳破				大歳				
	この期間内に自宅を出発する場合の吉凶	北 30°	東北 60°	東 30°	東南 60°	南 30°	西南 60°	西 30°	西北 60°	備　考
2月	2/5~3/4	✕	×	▵	✕	✕	✕	▵	✕	
3月	3/6~4/4	✕	▵	✕	×	✕	○	✕	×	
4月	4/6~5/4	✕	×	○	✕	✕	×	○	✕	
5月	5/6~6/5	✕	○	○	×	✕	△	▵	✕	
6月	6/7~7/6	✕	▵	○	✕	✕	普通	▵	✕	
7月	7/8~8/6	✕	✕	×	×	✕	×	×	×	
8月	8/8~9/6	✕	✕	×	×	✕	×	×	×	
9月	9/8~10/7	✕	◎	×	✕	✕	普通	◎	✕	東北３倍の吉、西２倍の吉
10月	10/9~11/6	✕	○	▵	✕	✕	普通	○	×	
11月	11/8~12/6	✕	×	▵	✕	✕	×	▵	✕	
12月	12/8~1/4	✕	▵	✕	×	✕	△	✕	×	
翌1月	1/6~2/3	✕	×	○	✕	✕	✕	◎	✕	西２倍の吉

◎印は2倍吉以上、○印は吉方、×印は凶方、✕印は大凶方、△は小吉方、▵印は小小吉方

九紫火星の人の

令和 9 年（2027 年）

年盤			歳破				大歳			
	この期間内に自宅を出発する場合の吉凶	北 30°	東北 60°	東 30°	東南 60°	南 30°	西南 60°	西 30°	西北 60°	備　考
2月	2/5~3/5	✕	×	△	○	✕	×	▵	普通	
3月	3/7~4/4	✕	×	△	×	✕	普通	×	×	
4月	4/6~5/5	×	✕	×	○	×	×	×	×	
5月	5/7~6/5	×	✕	×	▵	×	×	×	×	
6月	6/7~7/6	✕	×	△	×	✕	普通	○	×	
7月	7/8~8/7	✕	✕	普通	◎	✕	普通	◎	普通	東南2倍の吉、西2倍の吉
8月	8/9~9/7	×	✕	普通	×	×	×	▵	×	
9月	9/9~10/7	×	×	✕	▵	×	△	✕	△	
10月	10/9~11/7	×	✕	△	✕	✕	×	○	×	
11月	11/9~12/6	✕	×	○	×	✕	△	▵	普通	
12月	12/8~1/5	✕	×	△	×	✕	普通	▵	×	
翌1月	1/7~2/3	×	✕	×	○	×	✕	×	△	

令和 10 年（2028 年）

年盤			歳破				大歳			
	この期間内に自宅を出発する場合の吉凶	北 30°	東北 60°	東 30°	東南 60°	南 30°	西南 60°	西 30°	西北 60°	備　考
2月	2/5~3/4	▵	✕	×	×	▵	✕	×	×	
3月	3/6~4/3	×	✕	△	✕	×	✕	×	✕	
4月	4/5~5/4	×	✕	普通	×	×	✕	△	✕	
5月	5/6~6/4	◎	✕	普通	✕	◎	✕	普通	✕	北2倍の吉、南2倍の吉
6月	6/6~7/5	×	✕	✕	×	○	✕	✕	×	
7月	7/7~8/6	○	✕	○	✕	×	✕	△	✕	
8月	8/8~9/6	×	✕	△	×	×	✕	普通	×	
9月	9/8~10/7	✕	✕	×	✕	×	✕	普通	✕	
10月	10/9~11/6	○	✕	×	✕	▵	✕	×	×	
11月	11/8~12/5	▵	✕	×	✕	▵	✕	×	×	
12月	12/7~1/4	×	✕	△	✕	✕	✕	△	✕	
翌1月	1/6~2/2	×	✕	普通	×	×	✕	○	×	

令和 11 年（2029 年）

年盤				歳破				大歳		
	この期間内に自宅を出発する場合の吉凶	北 30°	東北 60°	東 30°	東南 60°	南 30°	西南 60°	西 30°	西北 60°	備　考
2月	2/4~3/4	○	×	✕	×	◎	✕	✕	×	南2倍の吉
3月	3/6~4/3	◎	普通	✕	普通	◎	◎	✕	◎	北2倍の吉、南2倍の吉、西南3倍の吉、西北2倍の吉
4月	4/5~5/4	◎	×	✕	×	×	×	✕	✕	北2倍の吉
5月	5/6~6/4	×	△	✕	△	×	○	✕	×	
6月	6/6~7/6	✕	普通	✕	×	×	▵	✕	×	
7月	7/8~8/6	○	✕	✕	△	▵	×	✕	○	
8月	8/8~9/6	▵	✕	✕	普通	▵	×	✕	○	
9月	9/8~10/7	×	○	✕	×	×	▵	✕	×	
10月	10/9~11/6	×	△	✕	×	×	▵	✕	▵	
11月	11/8~12/6	○	×	✕	✕	○	×	✕	×	
12月	12/8~1/4	◎	普通	✕	普通	×	◎	✕	◎	北2倍の吉、西南2倍の吉、西北2倍の吉
翌1月	1/6~2/3	○	×	✕	×	×	✕	✕	×	

効果ウンとアップ！

吉方旅行に行ったら、これしよう！あれしよう！

北30°に行ったら

- お酒を飲もう
- 温泉に入ろう
- スナックや居酒屋に入ろう

東北60°に行ったら

- いくら・ダンゴを食べよう
- 神社・仏閣に行こう
- 不動産屋に寄ってみよう

東30°に行ったら

- 寿司や酢の物を食べよう
- CDショップに行こう
- コンサートや電気店に行ってみよう

東南60°に行ったら

- そば・うどんを食べよう
- 遠方へメールか電話をしよう
- 結婚の話をしよう

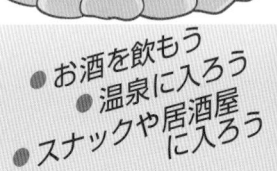

西30°に行ったら

- コーヒー・炭酸飲料を飲もう
- 飲食店・喫茶店に入ろう
- お金持ちの話をしよう

南30°に行ったら

- 貝・カニ・海老を食べよう
- 書店や図書館に行こう
- 化粧品かアクセサリー類を買おう

西北60°に行ったら

- いなり・巻き寿司を食べよう
- 高いビルに登ろう
- 宝石・貴金属店に行こう

西南60°に行ったら

- ごはん物（丼物）を食べよう
- ファミレスに行こう
- 陶器を買おう（安くてもいい）

体験談

1 吉方旅行の十日後にプロポーズされました！

次のようなお便りを頂きました。

西谷先生ご無沙汰しております。去年のクリスマスに手相鑑定を受けましたY.K.です。その節は元気が出るようなアドバイスを有難うございました！　当時はつきあっている男性がいなくて、「来年結婚しますよ」という鑑定にも、本当に結婚できるのかなという気持ちでした。

西谷先生のアドバイスに従い、吉方旅行を計画。（吉方効果は計画時から始まる）すると春にある男性と知り会い、交際が始まりました。先日吉方旅行に行ったのですが、旅行から帰った十日後に何とプロポーズされたのです！

知り合ってからプロポーズまで三ヶ月足らず。本当にこんなことってあるんですね。知り合ってからすべてがトントン拍子に進み、秋には挙式予定です。

後で知ったのですが、彼も西谷先生の鑑定を受けた事があったそうです。驚きです。

（Y.K.　35歳　女性）

プロポーズをするとか、試験や大切な取引き、あるいは何か大きな勝負事など、吉方位を上手く使うと素晴らしい結果を得ることが出来ます。

皆さん、是非ご活用下さい。（西谷）

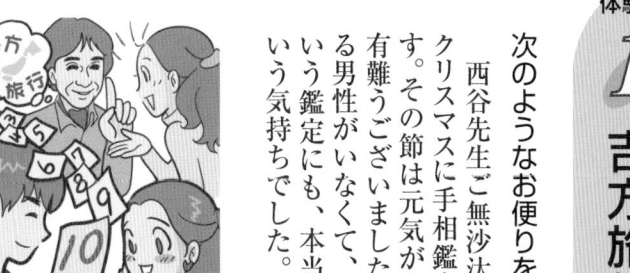

体験談 2

吉方位に引っ越しをしてから、2倍の売り上げに！

お便りをご紹介します。

友人から西谷先生の鑑定を紹介されて、静岡から横浜まで受けに行きました。その友人は、先生に勧められた吉方位の旅行へ行き、その後、自営の商売（リフォーム業）がとても好調になった、と言っていました。

私はＩＴ関係（システムエンジニア）の仕事で、行き詰まっていました。鑑定では、先生から現状打開のために、吉方位の旅行か移転をしたら良い、と言われ、同じ静岡市内の東北のマンションへ三月に引っ越す事にしました。

引っ越し後、驚いたことに、今まで悩んでいた仕事、プライベートのことが次々と解決していきました。仕事は、知り合いの社長からの紹介をもらうようになり、そこから途切れることなく入るようになりました。

お陰様でまだ半年なのに、昨年の売り上げを越えようかという勢いです。貯金もできるようになりました。資金繰りが元でギクシャクしていた夫婦仲も、本当に良くなりました。方位の力は、想像以上に大きいと実感しています。

（Ｙ.Ｍ.　39歳　男性）

行き詰っている時には、東北60度の旅行か引っ越しが効果的です。直ぐに実践したところが素晴らしい。また東北は蓄財運の方位なので、金運アップにもいいんです。（西谷）

八方位の代表的な効果は？

北…セックス運・結婚運、東北…蓄財運・変化運、東…ヤル気・独立運、東南…結婚運、南…脚光運・スター運、西南…忍耐力アップ運・家庭運、西…結婚運・金運、西北…上司運・引き立てられ運

ブログ「西谷泰人の鑑定日記」より

★こんなに良いものは、運のいい人しか使えない？

この度鑑定したAさん（35歳 女性）は、友人のBさんやCさんが、私の方位学の本を使ってドンドン幸せになっている（吉方旅行後、一年以内に結婚した、他）姿を目の当たりにして、「私もやろう！」と吉方旅行を決めたそうです。

Aさんは私の方位学の本で、自分の過去の旅行、移転を調べてみたところ、動いた方位と結果が、恐ろしいほど当たっていて、もうビックリ！（大凶方位に行って病気になったりなど散々苦労していた）それで、今では方位学の大ファン。

ところでAさんには年下の彼氏がいるのですが、この彼氏、いくらいい方位を進めても、頑として受入れず、行きたい方位、思いついた方位へ行くそうです。それがまた、どれもこれも悪い方位。

この前も、一月に会社の出張で大凶方位の東北へ3泊4日で行ったのですが、行く前に高熱を出して寝込みました。（旅行は行こうと決めた時点から、効果が出始める）三月にはまた大凶方位の東北に3泊4日。今度は友人の結婚式に行ったのですが、帰ってきてからまたも高熱を出して寝込んだそうです。それでも彼は受け入れない。

言うことにぜんぜん耳を貸さないのは、「人に言われてやるのが嫌」なのだとか。

いいと言われても、いい結果が大勢の人に出ていても、受け入れない。こういう人、いますよね。

こんなに良いものには、運のいい人にしか使えない魔法がかけられているのだと思います。

東京から見た八方位

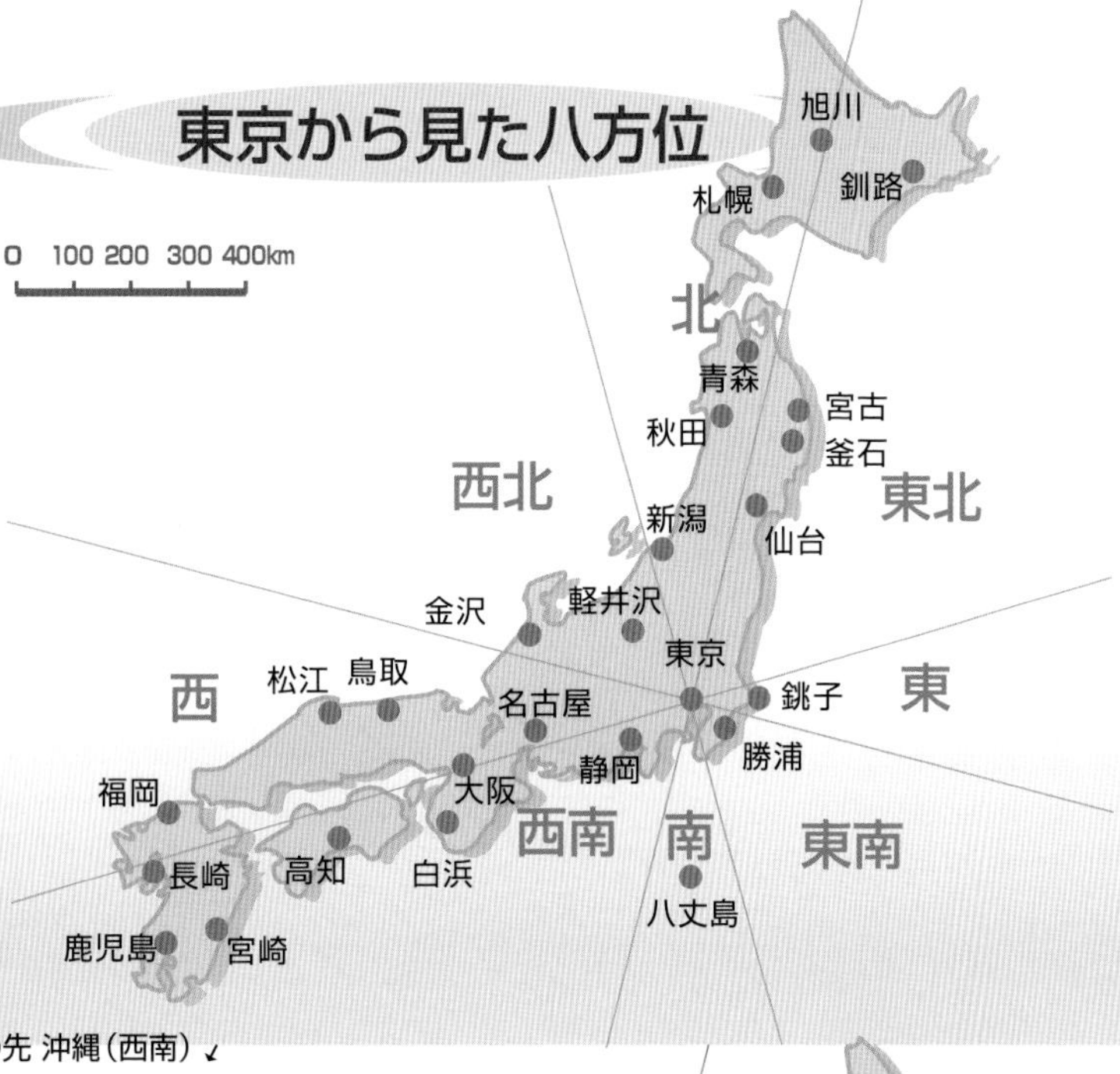

大阪から見た八方位

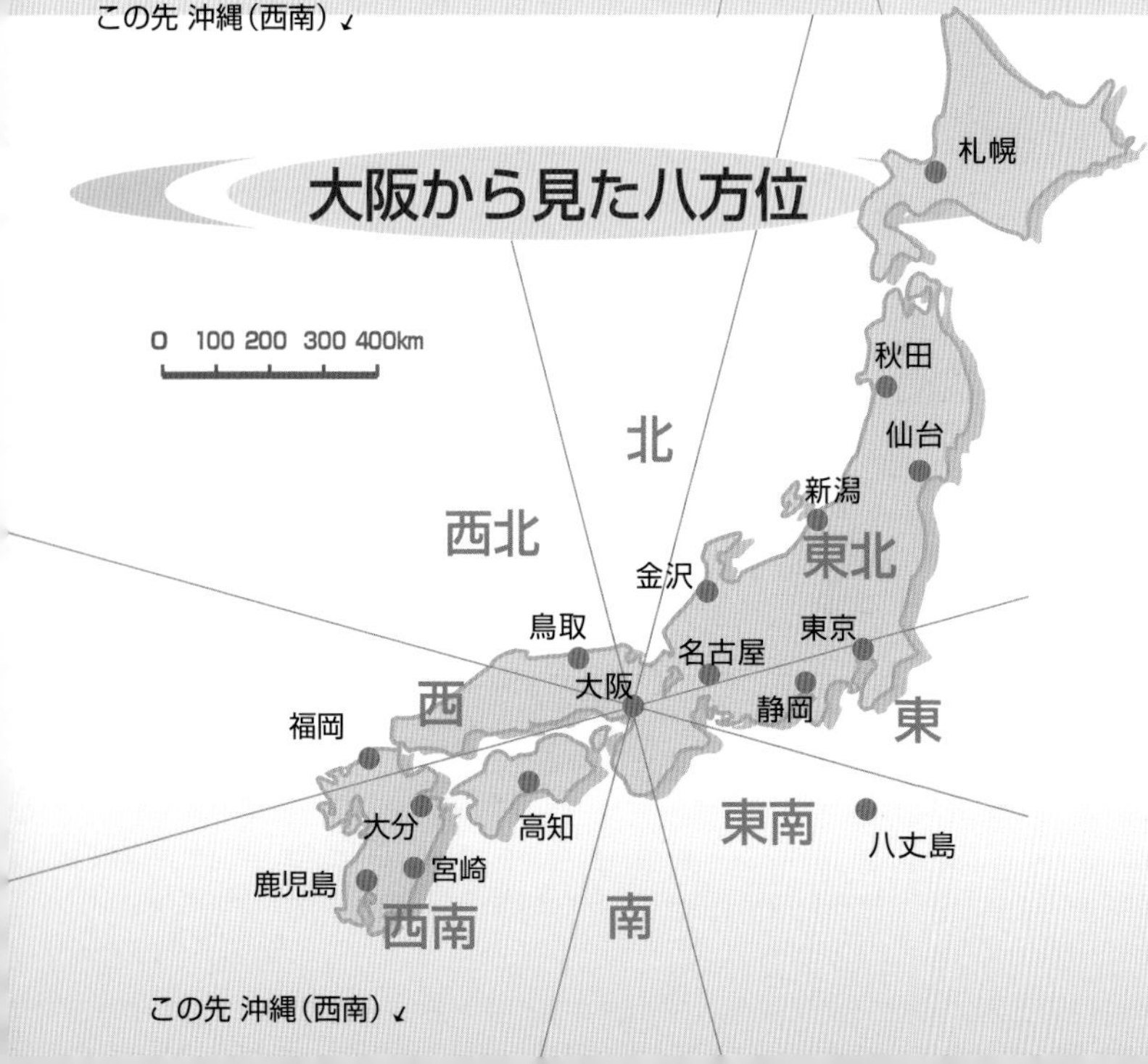

名古屋から見た八方位

札幌から見た八方位

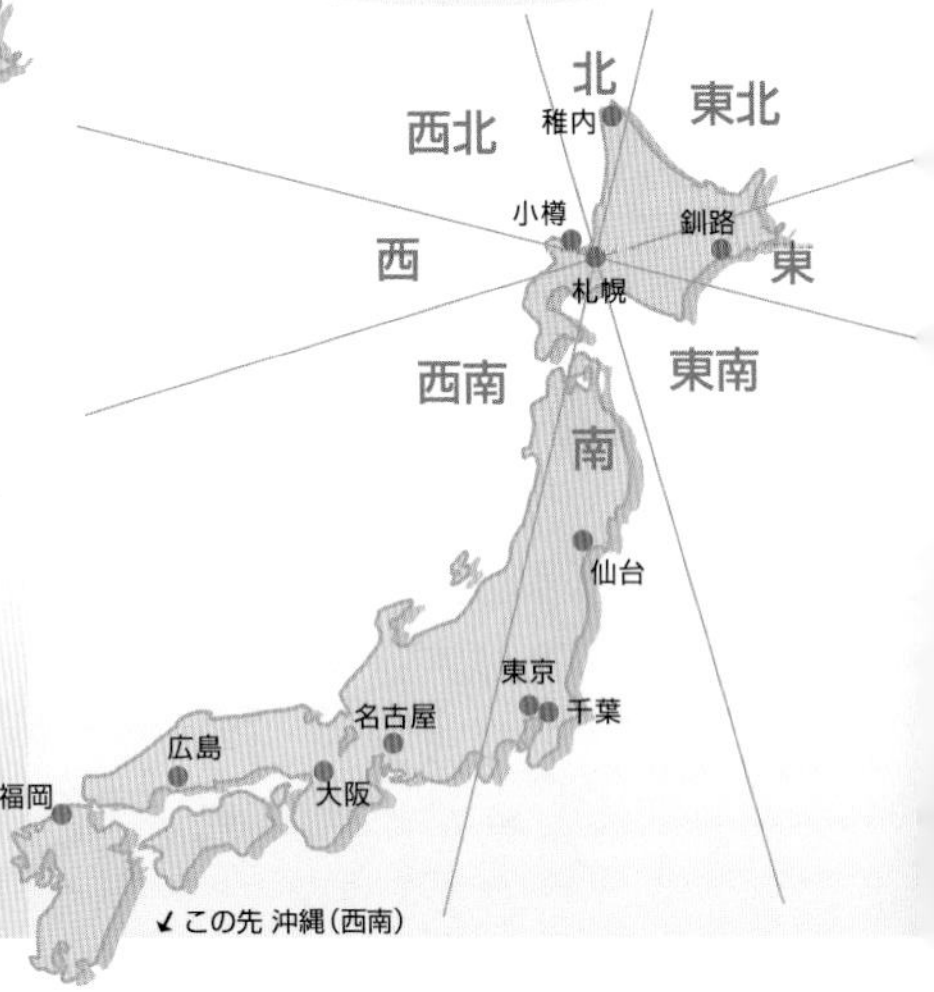

福岡から見た八方位

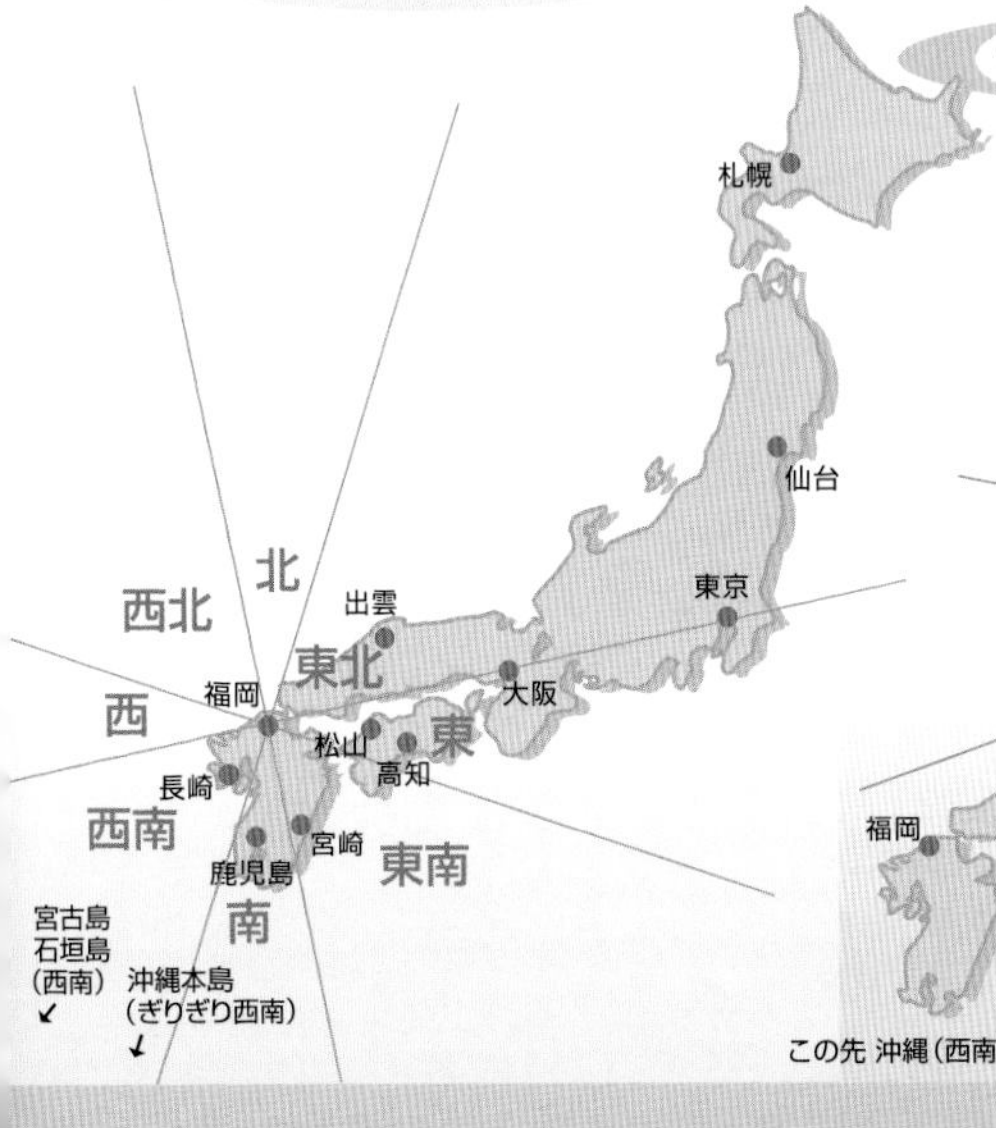

仙台から見た八方位

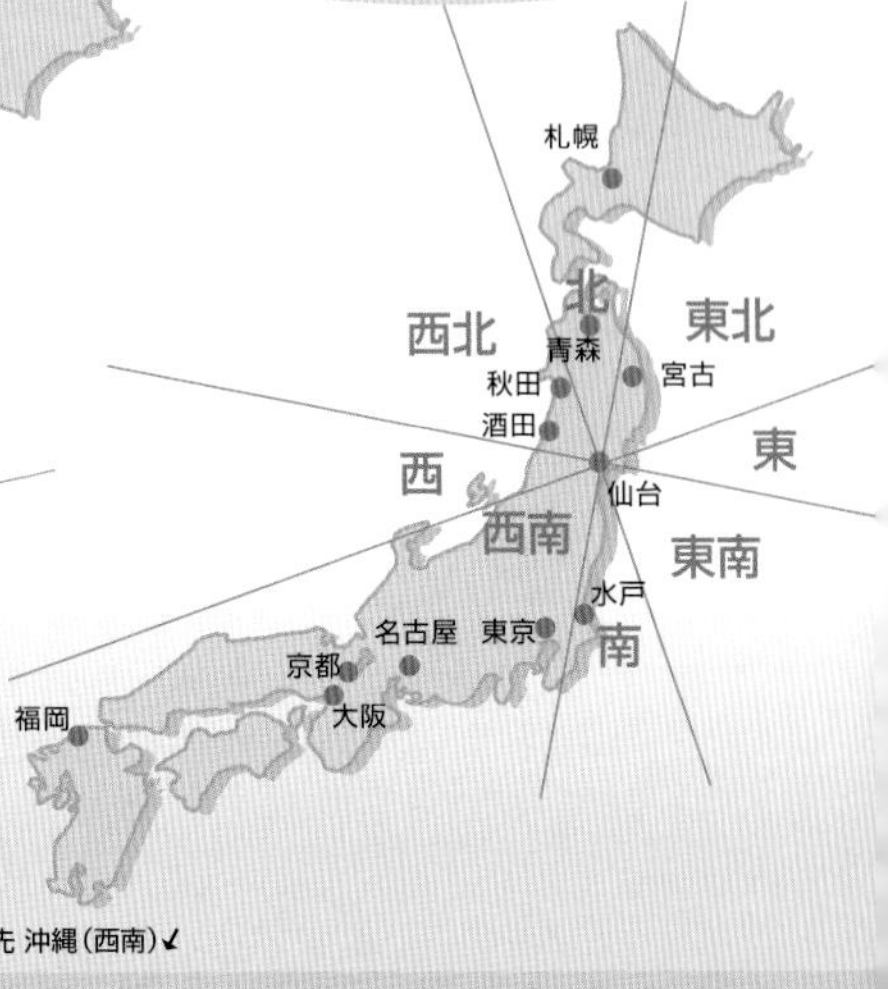

位学について、さらに詳しくお知りになりたい方は、『**すぐに使える 実践方位学**』（創文刊）を読み下さい。（各年の年盤・月盤・日盤の一覧表付き）

方位が一見が分かる《吉方位 早楽・地図上検索システム》が、西谷泰人のHPで大人気！このサイトは10日間無料。その後、ご希望の方は1ヶ月600円＋税でご使用いただけます。

吉方旅行と引っ越し

西谷泰人

SOBUN

はじめに

新型コロナウィルスが世界中で猛威を振るい、人類は病気と経済の戦いに突入するという、サバイバルともいえる時代に突入しました。

こうしたサバイバル時代になると、自分の力だけを頼りに困難と闘う人と、見えない自然の力を活用して、なぜか運良く乗り越えていく人に分かれます。

前者は、苦労を正面から受けて、乗り越えることに多くの犠牲や時間がかかる（失敗することも多くある）のに対し、後者は、運よく10分の1の労力で、10倍、100倍の効果をあげる事ができます。

そういう運のいい人は、いつの時代にも、10人に1人ぐらいの割でいます。

また更に、相当に運がいい人が100人に1人ぐらいいます。

本書は、この運がいい人の仲間になることは勿論、「相当に運がいい100人に1人」の強運な人になる方法をお話ししたいと思います。

私は常に吉方位をとってきた

私と同じ時期（もう40年以上も前ですが）に、故郷の鳥取県から上京した仲間（同級生）で、知っている数十人からは、「西谷が、一番好調な人生を送っているじゃないか」、などとよく言われます。

それは上京した最初の12年間で、吉方位に11回の引っ越しをし、その後も吉方位に努めて移動している…、が積み重なった結果だと思っています。引っ越しは方位研究を兼ねて、毎年のように引っ越しを実行しました。

やはり身を持って体験しなくては、その効果の素晴らしさや、感覚は分からないと考えたからです。

一回の引っ越しは、移動後「11年半の間」強く影響するので、私が体験した人生の幸運の数々は、その移転が何回分も重なったことによる、大きなプラスパワーを得た結果であったと思います。

年商1億円の会社を、10年あまりで37億円に大発展させた、方位学パワー！（A社長）

〈吉方パワーで開運した身近な例〉

私の鑑定を受け、アドバイスに従って会社を発展させた一人（創業者）に、不動産会社・社長のA氏（45歳）がいます。

A氏は、初め年商1億円台の時期に、私のところに知人の紹介を得て、アドバイスを受けにいらっしゃった。

それ以来、忙しいのに何度もいらっしゃる。それは、私の方位アドバイスに従うことで、大きな成功を収めていったからです。

どんなペースで会社が発展していったかといいますと、A社長は方位を活用して、自社の年商を、毎年1億→2億→5億→12億→17億→25億→37億と、それは確実に、驚くようなペースで大発展を遂げていったのです。

これには周囲はもちろん、本人も驚いたのですね。

もちろんその間に、Aさんは私のアドバイスに従い、一家で吉方位に引っ越したり、吉方旅行に出かけたり、小さな取引でも日盤を活用するなど、できる限り吉方位を活用していらっしゃった。

そのように、Aさんがここまで大発展したのは、小さな吉方位取りを積み重ねて行った事の結果です。

もちろんご本人の努力や才能も要因ですが、それらがフルに発揮できたのは、人や運に恵まれるという、方位のプラスエネルギーの効果といえるでしょう。

Aさんが、ここ8年あまりを振り返って、方位学について、しみじみおっしゃっていた事があります。それは、

「こんないいものを、なんでみんな使わへんのやろう」（A社長）

です。

運のいい人しか出会えないし、活用できない方位学

やはり、運のいい人や、運が向いて来た時にしか巡り合えない開運法である吉方位の活用法だから、なかなか出会えないし、活用できないのだ、と私は思っています。

「史上最高の開運術」と言われる方位学ですから。

そういう訳で、本書を手に取って方位学を活用し、吉方位パワーを受け取ろうという幸運に出会ったあなたは、もともと運がいいか、いよいよ開運期が来た人です。

本書で、自分にとって幸運な方位はどっちかを知り、まずは実践！　行って見てください。

方位の開運効果の素晴らしさに、きっと驚くことでしょう。

それでは前置きはこれぐらいにして、本題に入ることにします。

本書は、難しい話はナシ！　すぐに吉方位が分かり、実践できる方位本になっている

本書では、方位学の難しい説明は一切省き、すぐに実践できる構成にまとめました。

そこでまず、吉方位が２０２０年９月以降～２０２６年１月までの、約５年半分が一目でわかる《吉方位・凶方位早見表》を掲載しました。

そして、私がこれまで自ら実践し、体験した方位体験。あるいは私が鑑定でアドバイスした身近な人が体験した話。さらに吉方旅行や、吉方位への引っ越しをする際に、すぐに役立つ大切な話を、43項目に分けてお話しします。

ですから、全然方位学が分からない人も、楽しく読め、読んでいる内に自然に方位学の知識が身につくように工夫しました。

という事で皆さん！　楽しみながら、方位活用術を身に着け、実践して、幸運を掴んでください。

本書は、方位学の〝いいとこ取りの本〟といえるでしょう。

目次

第２章　吉方位のＱ＆Ａ　35

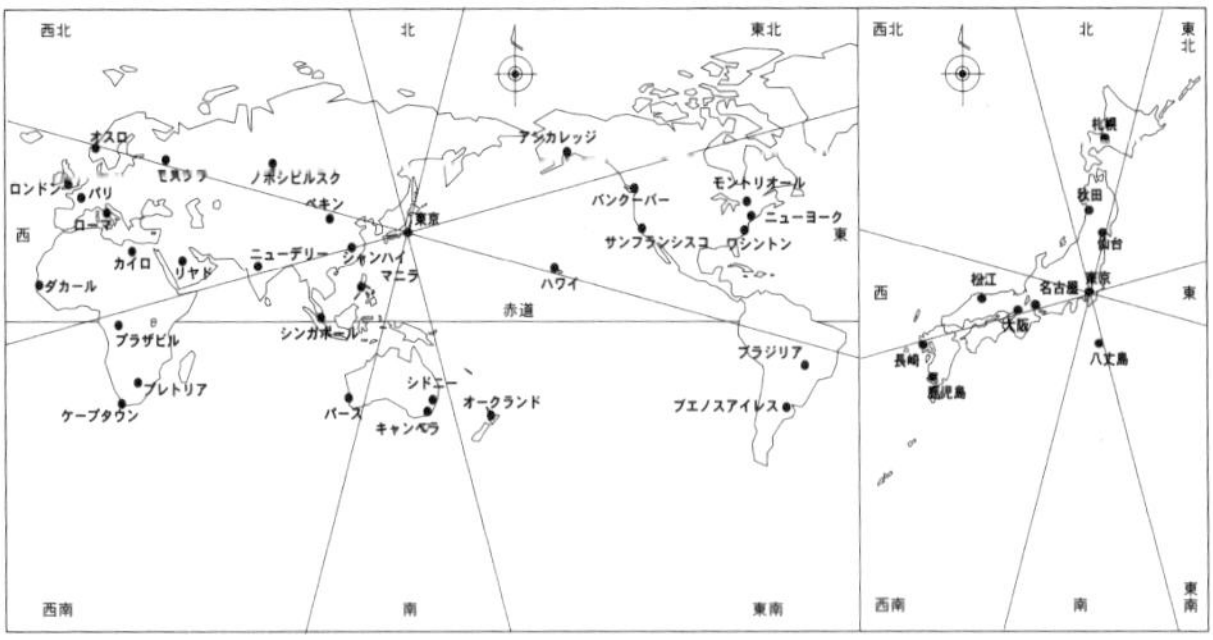

東京を中心にみた世界地図・日本地図

第1章

方位体験談

第1章　方位体験談

23人の独身女性が西30度への吉方旅行に行き、その結果20人が結婚した！

吉方旅行を勧める

私は以前、結婚願望はあるのに結婚運がなかなか無い、という鑑定にいらっしゃった30歳以上の女性23人、（東京かその近郊の方々）に、なんとか結婚させてあげたいと思い、ある年の8月、西30度の旅行（三泊四日以上）へ行くように勧めました。

行き先は、東京から550キロメートル西の、私の郷里　鳥取県です。もちろん、その年の西が吉方位になる生まれ星の人たちばかりです。そして23人の多くは、お互いが知り合いではありませんから、それぞれバラバラに行ったわけです。中には二、三人のグループで行った人たちもいますが…。

旅行後、驚く結果に！

するると、帰って来てからどうなったか。

なんと、理想の男性からいきなりプロポーズされたり、天から降ってくるように素敵な男性を紹介されたり……と、旅行を紹介した私さえも信じられないような事が次々と起こりました。

そうして一年後には、23人中20人が結婚していました。

その中で結婚できなかった3名は、三泊四日の滞在ができず、仕事の都合で一日の滞在で帰った人たちでした。やはり、強い効果を得る為には、3泊（最低でも2泊）はしなくてはダメなのです。でも驚くばかりの開運効果です。

北の吉方旅行から帰ってきた日に、結婚相手と出会った！

北の旅行から帰った日

静岡県に住む30歳のK子さん（独身女性）の鑑定をしました。

以前にも彼女の鑑定をしたことがあり、今回は2回目です。彼女にはまだ恋人がいませんでしたので、北30度の北海道の西の果て、奥尻島の旅行をお勧めしました。

そしてその年の4月に旅行に行きました。北の方位には、飲食店、男女の深い関係、結婚、お酒を飲む、水商売、などの象意があります。

さて3泊の旅行から帰ってきた日、彼女が、奥尻のプレゼントを渡そうと、女友達を呼び出していました。外で渡すのもなんだし、じゃあ家の近所の飲み屋さんで渡そうと思った。

そしてお店で、友達と会ったカウンターで旅行話をしていると、お客さんがはけて自分たちとマスターだけに。そして友達がトイレでいなくなり、二人っきりになった時にマスターがこういった。

思いがけない告白！

「あの、僕と付き合ってくれませんか」

そうして交際が始まり、現在二人は結婚を予定しています。とても真面目な性格のマスターだそうです。

「北の良い方位に行くと、男女の交際や結婚、飲み屋さんや、スナック、バー、あるいはその関係者に開運のきっかけがある、という方位なのよ」、などと、お店で友達に話していたばかりなので、その通りの展開になって友達はもうビックリ。

「私も吉方旅行に行く！」

と目を輝かせていたそうです。

大吉方位の旅行に行った人は、その方位の象意に関係する行動をとることで、チャンスを引き寄せます。K子さんの幸運の出方を参考に、あなたも幸運を掴んでください

＊各方位の象意（意味するもの）は、第3章で詳しく紹介しています。

仕事をしない怠け者の父が、大吉方位に引っ越したら、人が変わったように働き者に！

怠け者の父

鑑定にいらっしゃったMさん（30歳　女性）と、そのお姉さんのお二人から、こんな話をお聞きしました。

Mさんのお父さんは、自営業をしていらっしゃるのですが、仕事に情熱はなく、チョッと仕事をしてはすぐ休んでしまっていたそうです。

冬などは毎年冬眠する熊のごとく、ずっと部屋で丸まって寝てばかりの生活だったとか。

そんなMさん一家がある年に引っ越しをしました。引っ越し先が東南60度、50㎞ほど先のところでした。

昭和25年1月（六白金星）生まれの父にとって、その年の東南60度には八白が入り、おまけに大歳（たいさい）が入った大吉方位でした。

ただし月盤は凶方位だったので、引越し後1年半ぐらいは、まだあまり働かない父だったそうです。しかし、その後が凄かった！

姉妹揃ってこう証言していらっしゃいました。

人が変わったように、働き者に！

「引っ越しして一年半ほど経った頃から、父は人が変わったように働き出し、もう周囲の皆もただただビックリ。もう別人ですよ！」（Mさん姉妹）
このように、人はいい方位の影響を受けると、見違えるように素晴らしく変身することが出来ます。

吉方位へ行った後、2ヶ月でなんと8人の男性からモテモテに

凄いことが起こった！

この度、2度目の直接鑑定にいらっしゃったAさん（30代　女性）が、鑑定室に入るなり開口一番、

「先生に勧められた西の吉方位に旅行した後、凄い事が起こっています」

とおっしゃいました。

何が起こったのか聞いてみると、ナント

モテ期が到来する

「（今年の）旅行後2ヵ月足らずの間に8人の男性から次々に声をかけられ、デートで大忙しです」とおっしゃる。告白も数人からされたそうです。

「こんな事ってあるんですね。それもまとめて…」そしてさらに、「今までそんなにモテたことはなかったので、方位学って凄いです」、と感激しきり。

このように、普段なかったことが、吉方旅行後に起こったという事は、そこに何か目に見えない大きな力が働いているという事です。

それが方位のパワー（プラスエネルギー）です。

彼女の場合半端じゃありませんね。こんな話は聞くだけでも幸運の連鎖が起きそうなので、ここでご紹介しました。

胃弱で虚弱体質だった私が、西の吉方位へ引っ越して、健康体に！（お便り）

虚弱な私…

吉方位へ引越しをしてから、みるみる元気になったS．K．さんの体験談をご紹介します。

「胃弱で虚弱の私は、身長157センチで体重39キロという痩せすぎで、自分でも嫌になっていました。体力がなく、根気がない。直ぐに疲れてしまう為、ついついマイナスのことばかり考えてしまう私でした」

鑑定に行ってみよう

それで何とか開運の方法はないものかと、以前からテレビで知っていた西谷先生の鑑定を申し込みました。昨年の10月のことです。

横浜のオフィス（現在は東京・高円寺に移転）で鑑定の時に、先生から

『あなたは結婚のことも大切ですが、まずは健康状態を良くする方が先決ですね。吉方位の旅行に行くか、引っ越しをしませんか？』

と言われたのです。

今の不調は、５年前に四国から東京に大凶方位（東北60度）で引っ越して来たことが響いている、ということでした。そういえば確かに、急激に体調が下がったのが上京後でした。どんどん痩せたし、当たってる…。

引っ越しを勧められる

ちょうど引っ越しを考えていた時期だったので、『引っ越しをしたい』と言いましたところ、『それじゃあ、今年は西30度の方位が最高です。この引っ越しをすると胃腸が丈夫になりますよ』と言われました。

引っ越しの場合、移動距離は100ｍでも50ｍでも効果は出るとお聞きしました。（ただし旅行の場合は100㎞以上が基本――西谷）

時期は翌月の11月がベストということでした。幸運にも恋愛や結婚にも良い方位ということでラッキーでした。

それで先生のアドバイス通り、11月15日に引っ越しをしました。すると引っ越して初日から何か調子がいいのです。これまでは少しでも食べ過ぎたらお腹が痛くなっていたのが痛くならないし、食欲は出てくるし、疲れなくなるし、今までの不調がウソのようでした。そして便秘も治りました。

吉方位に引っ越した、後日談

引越し後、半年たった今、体重は47キロになり、同僚たちから顔色が良くなった、表情も明るくなったと言われます。

それに伴い男性からも声がかかるようになり、現在恋人と呼べる人もできて交際しています。先生から結婚は2年後と言われていますので、楽しみにしています。

方位の効果は、スゴイ！　の一言です。これが私の体験から感じていることです」（S.K.　当時35歳　女性）

〈以下、西谷〉

健康を取り戻して、元気そうで何よりです！　やせ過ぎていると、家庭運が下がってしまって、恋愛や結婚運が弱くなってしまいます。

太ももは家庭運なんですよ。ここには適度な肉付きとパワーがないと、いい恋愛を逃してしまいます。

お会いした時より、うんと運気がアップしていて良い状態です。良かったですね。

第2章

吉方位のQ&A

第2章　吉方位のQ＆A

1 Q．方位学でいう吉方位とは、どういうものですか？

A．エネルギーを充電してくる場所、です。

分かりやすく、電気カミソリを例にあげて解説しましょう。

男性が主にヒゲをそるのに使う電気カミソリですが、電池切れが近くなるとどうなるでしょう。

「プルンプルン…」と力なく、やっと回ってるというような状態になります。そんな電池切れのような状態の人が世の中にはたくさんいます。

仕事がうまくいかない。金運がない。対人関係がうまくいかない。結婚できない。また健康状態が悪い。何もかもツイてない…というような状態です。

では、この電池切れ状態を改善するには、どうしたらいいでしょうか?

そうです。充電すればいいんです。コンセントにさし、充電を10分もすれば、スイッチを入れたら「ブーン!」と勢い良く回ります。

その充電をするというのが、方位学でいう、吉方旅行や、吉方位への引っ越しです。

吉方位へ行って充電する（充電してくる）

そして吉方位で充電し、運気パワーに溢れる自分になると、もう一気に仕事運は良くなるし、お金もどんどん入ってくる。対人関係も改善、結婚相手や恋人も最高の人が出現する。また健康状態もすこぶる良くなるなど、いい事が次々起こります。

これが、方位学でいう吉方位へ行くということであり、自分にとって一番いい方位に行って、運気（プラスエネルギー）を充電してくるという事です。

2 Q. 自分の吉方位を知る為には、真っ先に何をすればいいですか？

A. まず、自分の生まれ星である「本命星」を知ることが、真っ先です。

まず、本書巻頭のグラビアの「あなたの本命星がわかる早見表」で、自分の生まれ年から本命星を探してください。

人は必ず、一白水星、二黒土星、三碧木星、四緑木星、五黄土星、六白金星、七赤金星、八白土星、九紫火星の、どれかの本命星に属します。

表を見ますと、１９８０年に生まれた人は、「二黒土星」、２０００年に生まれた人は、「九紫火星」、が本命星だと分かります。

その場合に注意するのは、1月1日～2月3日の間に生まれた人です。この期間に生まれた人は、前年の本命星になります。

例、１９８０年1月10日生まれの人は、前年の「三碧木星」。２０００年2月2日生まれの人は、前年の「一白水星」が本命星となります。

本命星は、旧暦で見るため、毎年2月４日で年が変わるからです。

こうして、自分の本命星さえシッカリ分かっていれば、自分にとっての吉方位は簡単に分かります。

＊自分の吉方位は、本書巻頭のカラーグラビアページ「(各本命星）吉方位早見表」で見ます。

3 Q. 方位を見るときは、どこを起点に？ 各方位は何度ずつですか？

A. 方位を見る起点は自宅。そして方位は東西南北が各30度。その他は60度です。

方位学で方位を見るときは、自宅から測ります。ただし、60日以上住んでいる場所を自宅とし、起点にします。

引っ越ししてまだ30日しかたっていない場所でしたら、60日以上経過して磁場がしっかり根付いてから、自宅を起点にして、方位を測り、旅行等に出掛けてください。

＊方位を測る場合は、私が制作した『方位分度器』（創文）が便利ですよ。ご利用ください。

また方位は、東、西、南、北は30度、東北、東南、西南、西北が60度です。

4 Q．吉方旅行のやり方を教えてください。

A．基本は、自宅から100㎞以上先の、吉方位の場所に3泊する。

自分の吉方位を、本書の「吉方位早見表」で知ったら、次は自分の寝泊まりしている自宅から、いい時期を選び、吉方位に100㎞以上離れた場所に、3泊（以上）します。すると、1年間大きなツキに恵まれます！

移動距離は遠いほど、宿泊数も多いほど、方位効果は大きくなります。

吉方位の定義

吉方位について本書では詳しくは解説しませんが、専門的に述べれば、年盤、月盤ともに吉方位になった方位を、吉方位○（吉方位早見表の印）とします。

年盤普通で、月盤吉方位の方位は、小吉方位△となります。

毎月、吉方位は変化します。

その吉方位が、すぐに分かる便利な吉方位表が、本書グラビアページの表です。

その他にも、年月盤の吉方位に、更にいい星が入った方位は2倍吉、3倍吉、4倍吉、そして時に5倍吉にまでなります。

なお、幾つか吉方位があるときは、自分の願いを叶えてくれる方位を選ぶと、よりいいでしょう。

もちろん、どの吉方位でも幸運パワーを与えてくれますが。

また、行く方位の象意の行動（食べ物とか、行動）をとると、さらに幸運を得やすくなります。

5 Q. 方位の起点となる「自宅」のとり方を、もう少し詳しく教えてください

A. 60日以上、寝泊まりしている場所を自宅とし、起点とします

＊自宅というのは、60日以上住んでいる（寝泊まりしている）場所である事が大切です。

60日住んで初めて方位を見ます。

まだ引っ越して30日しかたっていないなら、引っ越し日から60日（2か月）以上過ごし、磁場を作ってから、旅行や移動を考えてください。

自宅はあるが、別の場所に寝泊まりしているなら、そちらが方位を測る起点になります。

二か所に半々ぐらいで寝泊まりしている人は、両方から見た吉方位に、旅行や引っ越しをしてください。

1つが3分の2、もう一つが3分の1ぐらいの宿泊数という、2か所住まいがある方は、メインは前者ですが、やはりサブも考慮に入れて2か所から見て、吉方への移動をするならベストです。

6 Q. 吉方旅行先のホテル・旅館には、何時までに入ればいいですか？

A. 出発日は、夜の10時40分までに、旅先の泊まる宿（室内）に入る。

吉方旅行に出発したら、夜の10時40分までに、泊まる宿（室内）に入りましょう。旅先のホテル・旅館へのチェックインは、午後3時でも4時でもオーケーですが、気を付けてほしい事があります。

それは、到着後の外出は自由ですが、遅くとも夜の10時40分までには部屋に戻っていることです。そしてその日はもう部屋から出ないようにします。

つまり夜の10時40分以降は、部屋から出て、露天風呂に行ったり、売店に行ったりしないこと。夜の10時40分までに、部屋から出る用事は全て済ませ、部屋に戻っていることです。

そうする事で、しっかりその日一泊したことにカウントされます。

少し時間的余裕をもって、宿に到着することをお勧めします。

7 Q. 旅先でしなくてはいけない事があれば、教えてください。

A. 必ずしてほしいことが、一つあります。毎日、お風呂か、温泉に入ること。

私は、吉方旅行に出掛けると、まず到着後に部屋のユニットバスに入ります。夜の10時40分までに部屋に戻れる余裕があれば、室外の温泉に行くのもお勧めです。ただし、必ず夜の10時40分には部屋に戻ること。そして、その日は部屋から出ないようにしてください。

もっとも到着直ぐからドタバタしますので、お部屋の中のユニットバスでも構いません。

お風呂や温泉に入るのは、その地方の水やお湯に触れることが大切だからです。人の体は約3分の2が水分です。ですから、水と感応するんです。水を通して体がその土地の吉方（プラス）エネルギーを吸収する、と考えてください。
水道水もいいですよ。地方の水ですから。まあ、旅先でミネラルウォーターを購入して飲むのも、良しとします。

8 Q. 旅行が100㎞以下や、３泊以下では効果はないのですか？

＊A. 近場50㎞以下でも、２泊の旅行であっても、それなりの効果はあります。

私が100㎞以上で、３泊以上の旅へ行ってください、というのは、目に見えて誰でもスゴイ！　と方位効果を実感できるからです。

よく、「３泊できない時、１泊旅行を３回するのはどうですか？」と聞かれます。

1泊旅行を3回では、効果が薄い旅になります。

理由は、3泊すると100％効果が出るとすると、2泊では30％、1泊では10％の効果となるからです。

つまり、3泊の100％に対し、1泊10％×3回では、合計30％のパワーしか得られない、となります。

ですから、最低でも2泊する吉方旅行に出掛けましょう。2泊なら、それなりの効果が出ます。

また、移動距離が500㎞以上など遠距離なら、2泊でもかなりの効果が期待できます。

9 Q．日帰りや、1泊旅行を勧める占い師がいて、実践するのですが効果が出ない、ナゼ？

A．日帰りや1泊旅行では、開運パワーが少なすぎます

よくご相談を受ける方位相談に、有名占い師の勉強会に参加しているという方のケースで、

「もう15年間、計30回近く、日帰り温泉旅行を実践しているのですが、全然効果が出なくて…」（K子さん　42歳）

「1泊温泉旅行に度々行くのですが、効果が出ない…」（Fさん　男性　35歳）

この方たちは、間違った方位取りを行なっている為、効果が全然出ていないのです。

こうした間違った方位の取り方を教えている、有名な占い師が結構多くいます。

みなさん、決して惑わされないように。

間違ったやり方（方位取り）をしても、効果は出ませんよ。

先ほども申し上げましたが、方位効果は、現地1泊だと10％の効果、パワーしかありません。

ですから、日帰り温泉旅行や、1泊温泉旅行ではあまり効果がないし、あっても微弱な効果しか得られない、という訳です。

実際、私の所に、有名気学の先生の研究会の人がよくいらっしゃいます。「温泉一泊旅行を、もう何年もやっているのに、全然効果が出ないんです」とおっしゃる。

しかしそんな方々も、私の実践する吉方旅行（3泊、100㎞以上の旅）を実践すると、たちまち効果が出て開運していらっしゃいますよ。

10 Q．方位効果は、旅行後、いつ強く出ますか？

A．旅行の期間中と、4か月目、7か月目、10か月目です

方位効果が強く出る期間で、体験談で多いのは…。

2泊した後、旅先のホテルに取引先から電話がかかってきて、大きな取引が決まった、とか、

一度、断られた相手から、2泊した日にホテルに電話が入り、交際再会となり、結婚したとか、よくあります。

しかし、吉方位に1泊した翌日にホテルに電話やメールが届き、それで告白されて交際となり、結婚が決まったという人も少なくありません。

その場合は、3泊する予定の人だから、運気的に3泊することを前提とした幸運が起こっている、と考えられます。

吉方旅行で、方位効果が強く出るのは、旅行の期間中と、旅行後（行った月を1ヵ月目として）、4ヵ月目、7ヵ月目、10ヵ月目に効果が強く出ます。ですからそこで行動し、アプローチすることが大切！

そして、方位効果の出る方法がもう一つあります。それは次に紹介する方法です。

11 Q. 吉方旅行は、行く前から幸運が来ると聞いたのですが、本当ですか？

A. はい。吉方旅行は、旅行を計画した時から方位効果が始まります

吉方旅行を計画した時点から、幸運が始まった、という話の体験談は他の体験談同様、本当にたくさん頂いていますので、一つご紹介しましょう。

吉方旅行の計画後、精神状態が激変して！

３年前に西谷先生にお会いして、アドバイスを頂いて以来のファンてす。

私は50代の女性で、八白土星です。

数年前の話です。

今月中に、吉方位である東のY市に、３泊４日の旅行を計画してますが、１ヶ月前に宿を取った頃から、『やる気』が出てビックリです。

…というのは、私は片付けられない中年女性で、家が散らかり放題でした。

ところが、一部屋ずつ片付け始めて、キッチン、トイレ、洗面所、玄関がスッキリピカピカになってます！

一年近く手を付けられなかったのに…東の象意『やる気』が早速反映されたみたいで、自分もホント　ビックリしてます。

後は寝室、リビングです。頑張ります…　っていうか、当たり前の事をやれる自分になれて、とても嬉しいです。

（50代　女性　M．）

このように、吉方旅行や引っ越しは、計画した時から始まります。

そのやり方は、〈何月何日から、３泊、○○市に吉方旅行に行く！〉と紙に書いて、目に留まる、机の上に置いておくなどすればいいですよ。

手帳やノートに書いて、時々眺めるのも効果があります。

その日から、吉方旅行に行った効果が出始めて驚きます。ですから皆さん！　早目に旅行の計画を立てることをお勧めします。

12 Q．吉方旅行は、どれぐらいの期間、よい効果が出ますか？

A．国内旅行は1年、海外旅行は4年、引っ越しは11年半、幸運が続きます

まず、吉方旅行は計画した時から効果が出るので、早めに計画すること。そうしないともったいないです。

なお、国内の吉方旅行は、旅行後1年間、大きなツキに恵まれます。（その後さらに半年、準ずる良い効果があります）

海外の吉方旅行は、8日間滞在（現地5～6泊標準）を基準に考えて、旅行後4年間、ツキに恵まれます。

＊反対に、凶方位への旅行は、どれも同期間ツキがありません。

また引っ越しの場合は、11年半の間ツキに恵まれます。

＊反対に、凶方位への引っ越しは、同期間ツキがありません。

13 Q．吉方位に行くと、どんな変化が起こるのですか？

A．吉方位に行くと、意識が変わり、行動が変わり、運命が良く変わります

吉方位に行くと、意識が変わり（正常に戻り）、行動が変わり、運命が良く変わります。

例えば、私が体験したタバコを止めた話をしましょう。

私は、毎日20本吸うタバコ大好き人間でした。15年ぐらい毎日吸っていましたし、こんなに旨《うま》いもの止められない　と思っていました。

ところが、西に5泊の吉方旅行に行って、帰って、さあ、タバコ吸うぞ〜！　と思ってタバコに火を付けると、全然美味しくないのです。煙いだけ。

それで、その日以来、きっぱりとタバコを止めました。もう止めてから20年以上になります。

これなども、タバコが旨《うま》いと思い込んでいたのが、吉方旅行に行き、意識が正常に戻ると、全然吸いたくなくなったのです。

そのように、吉方旅行や吉方位への引っ越しは、タバコに限らず、お酒を止めたり、不倫を止めたりなど、本人もビックリするような意識の変化を起こします。

タバコ指数を知ろう

タバコには「タバコ指数400」という、ガンになりやすい危険水域を知らせる測定数値があります。

測り方は、一日に吸う本数×年数です。

私なら、1日20本×15年＝300　となります。400にはまだ達していませんが、私がこのペースであと5年吸い続けると、タバコ指数400となり、ガンになるぞ！という域に達します。ですから吉方効果が作動して、すぐにタバコを止めるように働いたと思います。

行き詰まっているときは、まずは吉方位へ行こう！

ですから、行き詰まっているときは、まず吉方位に行くこと。

また、自分では気が付いていない事で危険事項があれば、吉方効果で、未然のうちに防いでくれます。

そして吉方旅行に行くと、運気が上がり、いままで出来なかったことが容易に出来るようになります。

吉方位のプラスエネルギーの力を借りて、自然に努力できる自分になることが、まず必要です。

ですから開運するには、まず吉方位へ行き、プラスエネルギーを吸収して、運気を上げましょう！

14 Q．吉方旅行に行くと、家族にも幸運が起こる？

A．はい。吉方位に行くと、家族にも幸運が起きます！

そして、吉方旅行に行っていない、同居している仲の良い家族がいれば、その人にも良いことが起こります。

例を挙げれば、

今年3月に定年退職して、次の就職先を半年以上、ずっと探していたご主人（八白土星）。今までどこもダメだった。

それが、妻のK子さんが北海道の吉方位旅行から帰って来た日に、ある会社から「面接を受けてください」と連絡が来て、念願の就職が決まりました。

このように、方位効果は、旅行に行っていない気持ちが通い合っている家族にも及ぶ、という点が特徴です。

これが分かると、奥さんは、

「あなたの出世のために、私は吉方旅行に行ってくるね」

と言って、堂々と何度も、旅行に出掛けられる、という事になります。最高ですね！


本書の4章に、「吉方旅行に行っていない家族にも、方位効果が及ぶ」という体験談を載せていますので、ご覧ください。

15 Q．吉方位の方位効果をアップする方法があったら、教えてください

A．方位の意味する行動（象意）を実践すると、方位効果はアップします！

吉方旅行中や、旅行の帰宅後は、その方位の象意（意味するもの）に合った行動を大

いに取り入れるようにします。

するとそれが誘い水となって、幸運を引き寄せることが出来ます。

本書グラビアページにも紹介したような、各方位には、それぞれの方位が意味する「象意」というものがあります。

北の旅行に行ったら、お酒を飲むとか、温泉に入る。東に行ったら寿司を食べるとか、コンサートに行くなどする。

また南に行ったら図書館に行くとか、アクセサリーを買うなど、その方位の特徴とする行動をとることで、その行った吉方位のパワーを、より引き出すことが出来ます。

吉方旅行中も、また旅行後も、意識して象意の行動をとることをお勧めします。

そうして幸運を掴んでください！

＊各方位の象意については、第3章に詳しく述べています。

16 Q. 方位には、方位ごとに願いごとや、目的別の叶いやすい特徴があるのですか？

A. 各方位には、得意とする願望成就パワーがあります。

基本的に、吉方位なら、すべての物事に良い作用を及ぼします。
しかし、各方位ごと、特に得意とする効能がある、という事です。

例えば、どの吉方位も健康にとっていいのですが、
北の方位は、産婦人系の病気を治すのに特にいいとか、腎臓機能アップによく、子宝に恵まれる。
東北の方位は、関節炎や、リューマチに効くとか、
西南方位は、胃腸関係や、糖尿病に効くなどがあります。
反対に、それらの悪い方位に引っ越したり、旅行したりすると、今言った病気に罹《かか》っ

たりすることになります。

また、結婚したい人は、結婚を得意とする北や東南、西といった方位の吉方位に行くと、結婚ができます。

しかし、行きたい方位が、運よく吉方位になっているケースは、そうないでしょう。

ですからまずは、吉方位ならどの方位でも、願いが叶い、健康になり、幸せを呼び込みますので、まずは現時点で吉方位になる方位に出掛けてください。

そこからです。

17 Q. 引っ越しの距離は、どれぐらいから効果がありますか？ また効果の期間は？

A. 引っ越しは、数十メートルの移動でも効果が出ます

吉方旅行は、100㎞以上遠くに旅行することが、ハッキリとした効果を引き出す基本です。

でも引っ越しは、数十メートルの移動でも大きな効果が出ます。

吉方旅行に行く時間が取れない人は、引っ越しをすることが大きな開運を呼び込む方法となります。

そして11年半の間、方位効果が続きますから、開運力は大きい！

本書の吉方位早見表で、自分の吉方位（○か◎）を探し、その期間に引っ越してください。※引っ越しだけに良い方位もあります。吉方位早見表の備考欄参照のこと。

18 Q. 引っ越しするとは、どのような状態をいうのですか？

A. 引っ越しは、自分が移動した日です。契約日や、荷物の移動日は関係なし。

引っ越しは、初めて泊まり始めた日が、引っ越した日、となります。

引っ越し先に、夜の10時40分までに移動した日、それが泊りはじめとカウントします。

また、物件の契約日や、荷物が移動した日の方位は、引っ越し方位の吉凶に関係ありません。本人の体の移動日がすべてです。


ですから、どうしても吉方位の最終日までに引っ越しを間に合わせたい場合は、枕だけ持って、夜の10時40分までに新居に行き、泊まってしまうのです。当日は、夜の10時40分以降は新居から出ないこと。

それで滑り込みで吉方位の引っ越し完了！　です。

19 Q．引っ越しの、効果をあげる秘訣は？

A．引っ越したら、近くの神社にご挨拶に行く

引っ越したら、早速に、近くの神社にご挨拶に行きましょう。
地方の大きな神社ではなくて、新しい住まいの近くの神社（小さくても）がいいです。
お祭りでお神輿が出るような神社、いいですね。

神社のお参りの仕方は、まずお賽銭を100円以上入れて、二礼二拍手一拝して、
自分の名前と、引っ越してきた新居の住所を申し上げます。
これで、神霊と意識が繋がります。

そして、あとはよろしくお願いしますの気持ちを伝える。

引っ越してまだ近くの神社に行っていない人は、行ったらいいですよ。無人の神社でもいいです。

稲荷神社はダメですが、普通の神社ならいいので、お勧めです。

20 Q. 引っ越して効果を上げる方法は？

A. 引っ越しのあと、住民票を移すと更に効果がでる

吉方位に引っ越ししたら、住民票を新住所に移すと、更に引っ越し効果が出ます。

これは私が過去の20数回の引っ越しで、肌で感じていることです。

ただし住民票を移せない人は、そのままでも、ジワリジワリと吉方への引っ越し効果が出ますので、大丈夫です。

21 Q．国内旅行と海外旅行の方位学的な違いは？

A．国内旅行は1年以内の速攻で幸運を呼び、海外旅行は人生を大きく変えたい時に使う

では、海外旅行と国内旅行の使い分け！　活用方法です。

海外は、ゆっくり大きなプレゼント！　国内は、1年以内に速攻で願いが叶う。

つまり年月がある程度かかっても人生を大きく変えたい時は、海外旅行を使う。

例、OLが直木賞を取りたいとか、サラリーマンが国会議員に打って出る！　などの時は、海外旅行が有効的！

＊ただし、海外でも3000㎞位までの、台湾（2247㎞）や、グアム（2522㎞）などは、国内旅行と同じ扱いとなり、一年以内に結果が出る即効性の作用をします。

また、1年以内に叶えたい願い事には、国内旅行を使う。

例えば、1年以内に結婚したい、独立して成功したい。子供が欲しい、お金が必要、作品を認められたい、病気を治したい、など国内旅行がいいでしょう。

使い分けてください。※尚、世界の方位地図は、14ページを参照のこと。

22 Q. 旅先で、宿泊先は転々としてもいいですか？

A. 旅先では宿を転々としても、同じ宿に泊まり続けても構いません

吉方旅行に行って、泊まる場所ですが、吉方エリア内でしたら、ホテルや旅館を転々としても大丈夫です。

もちろん、吉方エリア内の同じホテルで連泊するのもいいです。

その場合、宿泊場所選びは、エリアぎりぎりの地点にしないこと。間違ってラインを越えていたら大変ですから。

間違いなく吉方位に入っているホテル・旅館に泊まることです。

また、隣のエリアとのライン上に宿泊すると、両方の方位の影響を受けますので、注意が必要です。

できるだけ、吉方エリアのど真ん中に泊まる気持ちで行ってください。あくまでも間違いないと思える、吉方エリア内に泊まってください。

23 Q．吉方旅行には、一人で行くべき？誰といってもいい？

A．吉方旅行は、誰と行っても構いません

吉方旅行は、一人で行ってもいいし、誰と行っても大丈夫です。たとえ一緒に行く相手にとって凶方位となる地であっても、あなたには直接は問題ありません。

もちろん、お相手も吉方位であれば、最高です。

できる限り行くなら、一緒に行く相手にとっても、吉方位か、小吉方位。どうしてもムリな場合は、普通方位であることをお勧めします。

24 Q. 仕事で凶方位に行かなくてはなりません。回避する方法は？

A. 後日、吉方位への引っ越しや、旅行でカバー！

方位学を学んで、方位知識が付いたサラリーマンの方々の悩みの一つは、仕事で凶方位に行かなくてはならない…などでしょう。

「部長、方位が悪いので、今回は出張に行けません」とか、

「社長、今回は本命殺なので、単身赴任は辞退します」など、通用しません。

そんなこと言ったら、「お前、首だ〜！」という事だってあるかもしれません。

そんな時に、どうしたらいいでしょうか？

私は、こう申し上げています。

「吉方位への引っ越し、それが出来ない方は、出来るだけ遠方への吉方旅行をすれば、

多少の凶方位への出張ぐらいは、跳ねのけられます！」と。

それほど引っ越しのパワーは大きいのです。ナゼなら引っ越しは、ずっと吉方位にいる訳ですから、そのパワーは強大です。

ですから引っ越しは絶対、大吉方位か吉方位で行ってください。

25 Q. 吉方旅行で行きたい場所が、微妙に外れ凶方位です。良い方法は？

A. 宿泊場所を、シッカリ吉方位エリア内にすると、大丈夫！

旅行で重要なのは、寝る場所が100％です。宿泊場所がシッカリ吉方エリアに入っていれば、昼間、吉方エリア外に行くのは、ほとんど問題ありません。

寝る場所をしっかり吉方エリアに取っていれば、吉方旅行は成功です。

例えばこんなケースが多いのでご紹介しましょう。

大阪の人が、東京ディズニーランドに行く場合です。

東京ディズニーランドは、大阪からは東と東北の境目にあります。むしろ東北に入ります。

ですから、東が吉方位なのに、東北が凶方位というケースの場合、皆さんよく悩まれます。

決まって皆さん、東京ディズニーランドがある浦安のホテルに泊まろうとします。

私は、その人にこうアドバイスします。

「大阪から間違いなく東に入る横浜や横須賀に宿泊してください。そして、ディズニーランドに横浜から電車で行ってください」と。

寝る場所が吉方位（横浜）だったら、昼間、凶方位（ディズニーランド）でも、大丈夫。

もちろん、わざわざ吉方エリアをはみ出す場所に、吉方旅行で行くというのはどうかと思います。

でも確かに、家族や恋人が、そこにどうしても行きたい！　というのでしたら仕方がありません。

宿泊場所を吉方位エリアにしっかりとる、という作戦で行きましょう。

26〜36 Q. 先生が実践している特別な事はありますか？

A. あります。

それでは私が吉方旅行でやっているオリジナルな方法を、11項目ご紹介します。

NO26　西谷流方位術　吉方である旅先の水を持ち帰る

ペットボトルの水を、旅先から持ち帰ります…旅先のコンビニやホテルでミネラルウォーターを2～3本購入し、そして帰宅後、9日間毎日1口以上飲みます。それで、吉方位パワーを吸収し持続させます。

その地方の湧き水が一番いいのですが、売っているミネラルウォーターで良しとします。

NO27　西谷流方位術　2度、同じ方位に行く時は、あえて違うホテルに泊まる

同年内に同じ方位に行くときは、違うホテルにするか、同じホテルであっても別の部屋にします。

同じ部屋に偶然になる可能性は低いでしょうが、部屋番号を覚えておいて、別の部屋を希望します。

理由は、行く時期により、旅先の方位の意味するものに変化が出るため、別の部屋に泊まって変化を付けます。

(万一、同じ部屋に泊まっても吉方位なので結果に問題はありませんが)

NO28　西谷流方位術　ホテルへのチェックインは、遅れも予想して、22時には済ませたい

ホテルへの到着は、何かの事情で夜22時40分より遅れることも予想して、22時までに宿に入ることを目指します。交通機関が遅れるとか、ホテルが見つからず遅れるなどしたら、残念ですから。

NO29　西谷流方位術　ホテルに到着すると、まずお風呂に入ります

ホテル到着は夜10時前を目指し、到着後の夜10時40分以降は部屋から出ない為に、私

はホテルの自室内のユニットバスを使用します。
この方法なら、お風呂から何時に出ても、大丈夫です。

NO30　西谷流方位術　滞在中は、一日に2度お風呂に入ることも！

時間があれば、滞在中は一日に2度お風呂に入ります。地域の水を使用した水道水（お湯）から、吉方位のプラスエネルギーを大いに吸収する入浴を努めてします。

NO31　西谷流方位術　旅先に到着後は、まず水を手に入れる

吉方旅行に行ったら、到着後、さっそくホテル内や近くのコンビニなどでミネラルウォーターを2～3本買い、その地域にあった水を滞在中に飲みます。買い増すこともあります。水分は吉方位のエネルギーを吸収する一番簡単な方法です。
水は適当に飲みますし、食べ物にもたくさん水分は含まれていますから、自然に吸収

できます。

NO32　西谷流方位術　旅先では、しっかり睡眠を取ります

吉方旅行に出掛けたら、早めに寝て、しっかり睡眠をとります。睡眠中にたくさん吉方エネルギーが吸収できるからです。

NO33　西谷流方位術　宿泊数は多いほど、効果は大きくなる

3泊以上できる時は、4泊、5泊と多目に泊まります。

NO34　西谷流方位術　仕事で行く方位が悪いときは、宿泊場所を吉方位に取る

凶方位に、仕事で泊りがけで行くときは、宿泊場所を吉方位、なければ普通方位に泊

まります。

私が横浜に住んでいた時は、毎月のように2泊3日で大阪鑑定室に鑑定（西）に行っていました。

でも、大阪の鑑定室が、当時あまりにも方位が悪すぎる時期になった場合には、大阪鑑定をした後、和歌山市（西南）のホテルによく宿泊（2泊）しました。もちろん翌日も翌々日も大阪まで通い、鑑定をしました。

そうすると、その時の私の大阪鑑定は、方位的には宿泊先である和歌山（西南）への旅となり、大阪（西）は立ち寄り、という扱いで影響が出ないのです。

NO35　西谷流方位術　月の早めに出発するスケジュールを組む

吉方旅行に行く時は、月の早めに出発するスケジュールを組むようにしています。

私は重要なアポがいつ入ってもいいように、予定した旅行に行けなくなる可能性を考慮し、月の早めに行くようにしています。

今回のコロナ騒動の最中も、２０２０年3月（3／7～4／2）に旅行に行きたい、でも3月後半になるほどコロナの流行が広がり、行けなくなるかも…と思い、3月7日（上旬）に出発しました。正解でした。早く出発して良かった。

NO36　西谷流方位術　台風などの接近しているときは、ムリに行かない

台風などが接近しているときなどは、ムリに旅行に行きません。少し前後に行きます。いくら吉方位でも、被害は受けますから。

ここからまた、元のＱ＆Ａに戻ります。

37 Q. 過去の引っ越しを調べたら、凶方位に引っ越していて、ガッカリしました。どうしたらいいですか？

A. 今まで方位学を知らず、凶方位に行って運が悪かったのは、運命と悟る

「方位のことを知らない時期に、凶方位に行ってしまっていて、ガッカリしました」このように悔《く》やんでいる方から、よくお便りをいただきます。でも、もう済んでしまったことは、運命だったのです。そう思ってください。

そして今、正しい方位学知識を知ることが出来た。素晴らしい方位学に出会った時が、あなたの開運期となります。

方位学は開運力が強いため、誰でも出会える開運法ではありません。運が劇的に良くなるのですから、本当に運のいい人しか出会えない事になります。

一般に、方位を知らずに行動する人たち（ほとんどの人たち）が凶方位に行く確率は

40%。普通方位に行く確率は40%。そして吉方位に行く確率は20%。更に吉方位に行く人たちに中で、最高の大吉方位へ行く人の確率は1～2%ぐらい、です。

方位学を知って、意図的に大吉方位に行くことが出来るようになりますと、一番運が強い人たちのグループ・上位1～2%に入ることが出来ます。

今から人生の大挽回です！（Q43も参照して下さい）

38 Q．実家に、毎年お盆と正月に帰るのですが、凶方位で帰るとやはり良くないですか？

A．実家でも、方位の影響は受けます。ただし影響力は下がります。

毎年数泊実家に泊まっている人は、実家に帰る時の方位効果は、初めて泊まる場所に比べると、減少します。

（日帰りばかりで、実家に宿泊したことが2年以上ない人は、たまに宿泊することになるので、100％方位の効果を受けます）

実家には帰る頻度にもよりますが、年5～6泊も泊まっているなら、実家に磁場がある程度出来ているので、吉方位として初めて行くホテルや旅館の部屋に比べ、方位効果は2～3割減少する、と考えてください。

もっとも実家泊は、吉方位の場合は吉効果が下がりますが、反対に凶方位で帰郷した場合、凶効果も下がります。

ですから、凶方位での帰郷の際は、凶パワーが下がるのでちょっと安心です。

実家方位が吉方位で、100％効果を出したいときは、あえて実家の近所のホテル、旅館などに宿泊します。

その場合、日中は実家にいても、夜の22時40分までにホテルに帰ることが大切です。

実家が凶方位の時に、避ける方法

実家に帰る時は、一般にはお盆や正月、あるいは法事で数日泊まることになるケースがほとんどでしょう。

それも「凶方位に…」というケースが多くあります。

そんな時出来るならば、ほとんど方位の凶パワーを受けない「日帰り」か、あるいは泊まっても「一泊だけ」にすれば、凶パワーは10%程度に抑えることができます。

ご参考まで。

39 Q. 2月4日～翌2月3日までの間に、吉方旅行に行き、その正反対の方位にも行くと、効果が消えてしまう、というのは本当ですか？

A. すっかり消えるのではありません。が、正反対の方位に行くと、吉方パワーが低下します

これは、吉方旅行に行った効果が消えるというより、それぞれが最大で半減する、ということに。

ですから互いが100％消えてしまう、というのではなく、両方の吉方効果が減少して出ます。

尚、2／4～翌2／3の間であっても、正反対の方位に行って問題ない方法があります。

それは、行った場所に2か月（60日）以上いた場合は、その場所に磁場が出来、そこからの方位になる為、元出発した方位に移動しても、全然問題なく、どの吉方位でも行けます。

40 Q．凶方位だが、どうしてもそこに引っ越したい場合、何かいい方法はありませんか？

A．ありますす。方違え（かた たがえ）という方法です

凶方位だが、どうしてもそこに引っ越したい。あるいは、凶方位だが、仕事なので移転して行かざるを得ない、という場合です。

こういう場合は、本当に困りますよね。

方位の吉凶を知っているだけに、辛いところです。

こういった場合は、もしできれば、方違《かたたが》えを活用しましょう。

今住んでいる自宅・A地点から、引っ越さなくてはならないB地点が、凶方位なら、次のように行動します。

住まいAから、新たにC地点に一度60日以上（2か月間）滞在して、そこから吉方位になるB地点に引っ越すのです。

その場合自宅A地点から、C地点が吉方位なら言うことはないですが、もし、そんないい方位がないなら、普通方位でもいいので、ひとまず引っ越します（凶方位は避ける）。

肝心なのは、C地点から最終引っ越し先のB地点が、吉方位になる事です。

可能ならば、C地点での仮住まい（マンスリーマンションなどあれば、そこで2か月間以上）で、暮らします。

2か月（以上）、同じ部屋に滞在すれば、磁場が出来ます。するとC地点が起点となって方位を見ることになり、最終のB地点が、しっかり吉方位になります。

その場合、仮住まいC地点には、毎日夜の10時40分までに帰宅してください。帰りが夜10時40分より遅くなる日が1日でもあれば、60日＋1日増やしましょう。2日あれば、60日＋2日という具合に、増やしていきます。

そうして、仮住まいC地点にシッカリ磁場が出来て、B地点に引っ越せば、本来なら凶方位だったB地点が、C地点から見るので、吉方位に変わっています。

この方違《かたたが》えは大変ですが、2か月ぐらい時間が取れ、経済的に何とかなる人であるなら、どうしても、B地点に行きたいという苦肉の策として、活用してください。

効果はとってもありますよ！

＊尚、C地点に60日間寝泊まりしながら、会社に仕事で通っても、方違《かたたが》えになります。その場合、自宅A地点には、絶対帰らないこと。一瞬たりとも。

41 Q. 職場や、お見合い相手の方位の、吉凶はありますか？

A. 寝る場所が変わらなければ、どの方位の職場、学校に通っても問題ないし、お見合相手の方位も関係ありません。

就職先や学校、人との出会い、お見合い相手との出会いの方位は、どの方位でもかまいません。

これは、自分の寝泊まりする場所が移動しないので、周囲の方位が関係ないからです。

自宅から通う会社の方位、学校の方位、出会う人の方位、どれも運気には関係ないと判断してください。

また土地の契約時の方位、家を建て始めた方位なども関係ありません。自分が引っ越して移動する時の方位が全てです。

これは、私がたくさんの検証をして、間違いないという結論です。

ただし同じ学校を選ぶのでも、学校の寮に入るなど、寝る場所が変わるのなら、引っ越しになりますから、その方位はとても大切です。

「自分が移動しないなら、方位は見ない。自分が移動するなら、方位は重要」、というお話でした。

42 Q. 一度凶方位に行くと、続けて行くことになる現象は本当ですか？

A. これは本当です

今までにも数えきれないほど見てきましたが、一度凶方位に行くと、自然と次も凶方位に行くことになる強い傾向があります。

反対に、吉方位に一度行くと、続けて吉方位に行く人が多いです。これもたくさん見てきました。

やはり人は、ツキがない凶方位にいくと、ツキに見放され。ツキのある吉方位にいくと、ツキにどんどん恵まれる、という事です。

ですから方位を調べて、まず一度、吉方位に旅行や引っ越しをすることが大切です。『ツキはツキを呼ぶ』、ので、この法則を大いに利用しましょう！

43 Q．凶方位へ引っ越してしまっています。開運法は…？

A．引っ越し先で、近くても吉方位へ引っ越しましょう

すでに凶方位に引っ越していた、という方の開運法をご紹介しましょう。

例えば鹿児島から東京へ、凶方位で引っ越しているというケース。

距離も800kmありますから、それを上回る遠距離の引越しなんていうと、ほとんどムリ！　となります。

近くてもいい、吉方位へ引っ越す！

こんな場合は、まずは近くても、数キロでも今の住まいから吉方位（できれば◎の大吉方位）へ引っ越します。その小さくても吉方位への引っ越しが、大きな意味を持ちます。

この方法は、凶方位へ引っ越してツキに見放されていたあなたが、近くても吉方位へ

動いたことで、ツキ始めるきっかけになります。

これが現状で出来得る、最善策です。

この方法を私のアドバイスで実践して、ツキを取り戻したり、ツキを呼び込んだ例がたくさんあります。


凶方位へ引っ越した人は、次も凶方位に引っ越す運命に引っ張られるものです。それを断って、近くても吉方位へ引っ越す、という作戦は、大きな意味のある開運策です。やってみて下さい。

第3章

吉方効果をフルに引き出す、とっておきの方法！

第3章　吉方効果をフルに引き出す、とっておきの方法！

大吉方位に旅行した効果を、フルに引き出す方法

私の「すぐに使える実践方位学」（創文刊）をはじめとする方位学の本を読み、実際に吉方位や大吉方位の旅行に行った人たちは、これまでに数え切れないほど沢山いらっしゃいます。

その吉方旅行に行った人たちの中には、すぐさまビックリするくらいの幸運に出会った方たちが大勢いる反面、残念なことに、まだ最小限の効果しか出ていない人も、少数ですがいらっしゃいます。

ある人に聞いたところ、本人には吉方位効果がまだ出ているとは思えないけれど、一緒に吉方旅行に行った友人には素敵な彼氏が出来たり、収入がグンと増えたりなど、と

てもツイている出来事が起こっている、と言います。

それでは何故、このように吉方効果が出やすい人と、そうでない人があるのでしょうか？

本章では、その理由を解明して、誰でも吉方位の効果を十二分に引き出せる方法をお教えしたいと思います。

方位の特性に開運の入口がある

先日鑑定をした京都のＳさん（女性　28歳）は、転職を希望していました。方位学の本に従って西の旅行に行った後、こんな事が起こりました。

お母さんが地方アナウンサー募集の広告をたまたま目にして、彼女に応募を勧めました。彼女が「一応、応募してみるかな……」という感じで応募したところ、見事合格！

今では地方ＦＭ局のアナウンサーをしています。これも、西の象意が働いた結果です。

西の方位には、司会、アナウンサー、講演者など、口を使う仕事に幸運がある！

西の方位は、歌手、司会、アナウンサー、講演者、噺家《はなし》、歯医者、あとは飲食業、金融業、銀行といった意味を持っています。

つまり西の吉方位に行ったなら、西の象意である、口に関連した良い事が起こることになります。口ですから口を使う職業、つまりアナウンサーや司会者、講師。

それから口で食べますから飲食業、口の中ですから歯科医、これらが関連した職業になります。

また西には金銭という象意もあります。金銭ですから金融業、銀行はもちろん、お金に関して特にいい事が起こります。

そして西は、結婚運が開くという方位です。

方位効果は、方位の事を全く知らない人にも出る

アナウンサーになった彼女は、まったく象意については知らなかったのですが、方位の効果は、知る知らないに関わらず出ます。

もし、就職を希望しているのに、まだ見つかっていない、という人が西の吉方位を取ったとしたら、飲食店やスナック、あるいは歯医者、金融業など、西の象意の職業を当たると良いでしょう。いい就職口がきっとあります。

これが吉方旅行に行った効果を大いに引き出す方法です。

つまり、行った方位の象意（方位の特性）を上手く活用する、ということです。

次に述べる例は、西ではなく南です。

ＯＬ（人事部）をしていてリストラに遭い、半年間、就職先が見つからなくて、困り果てていたある四十代の女性は、私の本を読み、南方30度の吉方旅行をしました。

南方30度は、出版、書店などの象意があります。するとさっそく、彼女は書店に就職が決まりました。

書店の仕事をやってみたら、思いがけず自分にとっては適職で、営業は好成績。現在は書店の責任者になっています。

西の吉方位に行ったのなら、飲み屋に行こう!

ここまで読むと、もうお分かりでしょう。結婚したくて西の吉方位に旅行や移転をしたあなたは、進んで西の象意である、居酒屋や喫茶、スナックなど、飲み屋、飲食店へドンドン行って、結婚相手との出会いやチャンスをいっぱい作らなくちゃ駄目、という事です。行ってますか?

そうすると西の吉方効果がたちまち出て、ツキまくるという訳です。

また、飲食を伴うお付き合い、飲食を伴うパーティーなどに出会いのツキがある、となります。

ですから、友だちと居酒屋でお酒を飲んでいるときに、他の席の男性から声をかけられて交際が始まるとか、レストランで食事をしている時に、たまたま友人のお兄さんの話になって会うことになり、そのお兄さんと結婚する事になった、などが起こります。

また、西の方位には「結婚相談所」という象意があります。大いにご利用下さい。

このように、西へ行った人は西の象意（意味、特性）を活用することで、方位の効果を十二分に得られることになります。

吉方位の象意を活用する行動は、旅行を計画した時点（旅行前）から実行するといいでしょう。

そしてこの行動は、旅行中はもちろん、旅行後の特に一年間は、大きな方位効果を引き出します。

方位別、吉方効果を引き出す〝象意〟

吉方効果をフルに引き出すために、各方位の象意を活用することを申し上げました。では、各方位の象位はどういうものかを、次に記します。

北の象意（＝一白水星の象意）

一白水星は『水の象』です。水が山上から岩、草木の間をめぐって、河と合流し、大海にそそぐ様《さま》。

【雑象】　思う、悩む、陰の事、隠れる、密会、恋愛、苦労、病気、養う、セックス、秘密、交際。

暗い、寒い、寂しい、欠乏、万物の初め、密会。

妊娠、睡眠、盗難、貧困、ギャンブル、孤独、溺れる、夜、再生、失恋。

駆け落ち、情事。


【人物】中年の男性、智者、泥棒、売春婦、ホステス、悪人、病人、死者、盲人。

知覚障害、水道局員、水産物関係者、印刷業者、漁師、秘書、探偵、刑事、水に関係する商売や関係者。

船員、妊婦、カウンセラー、スパイ、哲学者、画家、書家、宗教家、苦労人、バーテンダー。


【人体】腎臓、血液、陰部、肛門、脊髄、耳、汗。

膀胱、陰部、子宮、尿、ほくろ、精液、睾丸。

鼻、生殖器、唾液、尿道。


【病気】腎臓病、アルコール依存症、痔、性病、ノイローゼ、うつ病。

産婦人科系の病気、冷え性。


【場所】水道局、飲み屋、水族館、寒い場所、地下室、宴会場、葬儀場。

居酒屋、スナック、バー、プール、銭湯、温泉、水道局、洞窟、滝、ガソリンスタンド。

釣り堀、水がふんだんにある場所、地下街、スーパー銭湯。

川、河川、海、湖、沼、温泉、消防署、裏通り、病院、魚市場、トイレ、浴室、井戸。


【職業】

酒屋、水商売、クリーニング店、銭湯、バー、乳業、漁師、売春婦。

印刷業、水産物関係者、探偵。


【品物】

石油、ガソリン、酒類、インキ、帯。

インク・ペンキ・ニスなどの液体塗料。

アロマオイル、ボールペン、タオル、船、釣り道具、万年筆、紐、袴、印刷機、洗濯機。

トイレットペーパー。


【食物】

酒、飲料水、ジュース類、牛乳、お吸い物、塩、塩辛、漬物、豆腐、海草、生魚、イモ類。

水、豆乳、チーズ、バター、マーガリン、油、貝類。

【動物】大根、ドーナツ、レンコン、マカロニ、ちくわ、海苔、醤油。
豚、馬、きつね、ネズミ、おたまじゃくし、魚。

【植物】椿、梅、ひのき、水仙、福寿草、睡蓮、藤の花。

【天象】雨、雪、寒気、霜、豪雨、水害。
深夜、冷気。

【味・色・数】しょっぱい味、透明度の高い白色、一と六。
白、黒、グレー、透明。

東北の象意（＝八白土星の象意）

八白土星は『山の象』です。山は高いとか、止まる、たくさんのものが蓄積されて高くなった様です。

【雑象】蓄財、停止、中止、相続、変化、交換、革命、高い、遅れる、迷う、開店、閉店、復活、再起、満期、不動産、親類。鼻など高くそびえる部分や物、接続部分、重なり合ったもの。転校、移転、転職、満了。積み立て、貯蓄、貯まる、肥満。

【人物】20歳未満の男の子、肥満した人、長身の人、小男、強欲な人、金持ち、ホテル・旅館業者、相続人、登山家、不動産関係者、囚人。力士、後継者、リサイクル業者。

【人体】鼻、関節、神経痛、小児麻蝉、腰、背中、手、指。耳。

【病気】腰痛、リュウマチ、過労、肥満、関節炎。

【場所】旅館、ホテル、休憩所、倉庫、物置、土手、堤防、石垣、石段、階段、墓地、突き当たりの家、行き止まりの家、神社・仏閣。見晴らしの良いところ、山、高い塔、寺院、丘、三重塔や五重塔。

倉庫を改造したお店、新装開店の店。

【職業】駅、交差点、ターミナル、城、トンネル、階段、山道、高層タワー・林旅館業、ホテル業、不動産業、駅員、僧侶、菓子業。

【品物】積み重ねたもの、重箱、机、テーブル、椅子、座布団、チョッキ。積み木、屏風、タンス、リサイクル品、貯金箱、数珠、鎖。

【食物】牛肉料理、ダンゴ、数の子、いくら、筋子、さつま揚げ、（数多く寄り集まっているもの）

ハンバーグ、たけのこ、山菜、栗、とろろ汁。

【動物】ネズミ、鹿、きりん、鶴、イノシシ、虎、竜、牛、犬。

【植物】木になっている果実、竹、山芋。

【天象】曇り空、気候の変わり目。

【味・色・数】甘味、象牙色、五と十。

東の象意（＝三碧木星の象意）

三碧木星は『雷の象』です。天地に雷鳴を轟かせ、地を振るわせる、驚きの星です。

【雑象】

音、音楽、講演、コンサート、口論、銃声、テレビ、ラジオ、インターネット、口笛、お経、進む、昇る、進言、発明、開業、発展、新しく始める、決断、激しい、うそ、短気。

スピードの速いもの、驚くこと、酸っぱいもの、活気、希望、驚く、やかましい。

成長、飛躍、自立、活動、爆発、怒り。

【人物】

長男、皇太子、著名人、祭主、中年男性、歌手、ミュージシャン。

落語家、漫才師、音で生計を立てている人。

声優、詐欺師、新人、騒がしい人、ユーチューバー。

【人体】　肝臓、足、咽喉、親指。
声帯、神経、呼吸器。

【病気】　肝臓病、ヒステリー、神経痛、足の疾患、のどの疾患。
リュウマチ、喘息。

【場所】　コンサート会場、ライブハウス、セミナー会場、楽器店、電話局、電気ショップ、レコーディングスタジオ、急行列車。
音楽喫茶、ネットカフェ、オープンしたてのお店、家電量販店、祭主のいる神社。
森林、発電所、震源地、青果市場、ゲームセンター、パチンコ店、射撃場、カラオケ。
遊園地（ジェットコースターのある）。

【職業】　音楽家、アナウンサー、レコード店、楽器店、電気屋、寿司屋、八百屋。

【品物】　楽器、ＣＤプレイヤー、太鼓、火薬、ピストル、花火。
速度のある乗り物。

鐘、パソコン、携帯電話、ＡＶ機器。

【食物】酢、酢の物、寿司、レモン、みかん、グレープフルーツ、梅干、野菜類、海藻類。

【動物】マリネ、ピクルス、タラの芽（木の芽や新芽）。馬、鷹、ツバメ、カナリヤ、ひばり、目白、鈴虫、松虫、せみ、キリギリス、カエル、蜂、多足の虫。

【植物】野菜、海草、花、竹。

【天象】晴れ、雷鳴、雷雨、地震。稲光、落雷。

【味・色・数】酸味、コバルトブルー、三と八。

東南の象意（＝四緑木星の象意）

四緑木星は『風の象』です。そこには、旅、遠方、往来、長い、迷い、臭いといった意味があります。


【雑象】整う、整理、縁談、結婚、旅行、遠方、通信、電話、信用、商売、長い、迷う、考え違い。

進退、出入り、流動、柔軟、婚約、成立、完成、風。

成長、優柔不断、寄り道、うわさ、貿易、自由、遠回り、移動、交通、風評、友情、行き違い。


【人物】長女、中年女性、専業主婦、妾、旅人、商人、仲介人、ヒゲのある人、大工。

外交官、旅行業者、配達員、パイロット、運送業者、郵便局員。

【人体】腸、頭髪、股、神経、呼吸器、気管支、食道。

【病気】風邪、わき香、呼吸器疾患、食道疾患、神経症、禿げる。

【場所】線路、道路、船着場、神社。
神社仏閣、駅ビル、道の駅、家具店。
風の吹く場所、結婚相談所、郵便局、飛行場、草原、空港、港、ログハウス。

【職業】商人、運送業、そば屋、材木商、大工、家具屋、ツアーガイド。
イタリアンレストラン、ラーメン屋、コンサルタント。

【品物】電線、木材、手紙、はがき、扇風機、針金、綱、ひも、糸。
ネックレス、鉛筆、香水、線香、うちわ、羽、気球、凧、エアコン、靴、風船、ネクタイ。

【食物】麺類、ねぎ、ニラ、にんにく、三つ葉、穴子、うなぎ、どじょう、太刀魚。
うどん、そば、パスタ、ラーメン、春雨、香草、香辛料、エスニック料理。

【動物】ヘビ、ミミズ、きりん、牛、豚、鶏、蝶、はち。
鳥類。

【植物】草、朝顔、柳、へちま。
つる植物。

【天象】風、雲多いが雨降らず。
そよ風、穏やかな風、新緑の風。

【味・色・数】酸味、緑、三と八。

南の象意（＝九紫火星の象意）

九紫火星は『火の象』です。火は激しく、美しく、明るい。そこから様々な意が生じます。

【雑象】火、火災、光、輝く、光明、明らか、発見、知性、名誉、栄転、美しい、綺麗、装飾、離れる、離婚、離別、辞退、脱退、除名、手術、切断、裂ける、戦争、裁判、喧嘩、紛争、文書、書類、二度目が良い。華やか、美しいもの、明るいもの、熱いもの、受賞。断捨離、きらめく。

【人物】美人、有名人、学者、芸術家、眼科医、智者、警察官、20代から30代の女性、書店業者、消防署員。モデル、俳優。

【人体】スタイリスト、エステティシャン、ネイリスト、美容師、鑑定師。精神、心臓、眼、耳、血液、乳房。

【病気】精神病、心臓病、火傷、頭痛、眼疾患、耳痛、乳がん。

【場所】警察署、裁判所、交番、消防署、火事現場、噴火口、劇場、博物館、図書館、書店、宴会場、祈祷所、学校、化粧品売り場、美容院。ライトアップされた場所。

【職業】美術館、灯台、デパート、映画館、劇場。化粧品、美容業、ファッションコーデネート、ヘアーメイキスト、作家、画家、学者、大学教授。占い師、裁判官、眼科医、測量技師、教員、警察官、新聞記者、雑誌などのライター。

【品物】株券、手形、書画、書籍、装飾品、電燈、ランプ、ローソク、めがね、航空機、鍋釜。免状、許可証、設計図、絵画。トロフィー、メダル、カメラ、宝石、化粧品、アクセサリー、仏像。

【食物】海草、干物、馬肉、貝類、色彩の美しい料理、酒。スイカ、なべ料理、しゃぶしゃぶ、すき焼き、焼き肉（火を使うもの）トマト、イチゴ、カクテル、赤飯、ゴーヤ。

【動物】きじ、鳥、馬、カメ、カニ、えび、貝類、金魚、熱帯魚。

【植物】紅葉、南天、スイカ。

アジサイ、ひまわり、ラベンダー。

【天象】 晴天、暑い、温かい、日中。

【味・色・数】 苦味、赤紫色、二と七。

西南の象意（＝二黒土星の象意）

二黒土星は『大地の象』です。黙々と人々に貢献し、養う様です。

【雑象】 寛容、敬う、資本、慎む、育てる、静か、柔順堅実、働く、努力、勤勉、下等、家庭、土地。

母のように忍耐強く育てる、大衆、甘いもの、堅実、大地、地球　生産、粘り強さ。

誠実、忍耐、丁寧、地道、忠実、根気、温和、平穏、受け身。

【人物】古いもの、安いもの、伝統、地味、旧式、従順。
母、妻、保母、養母、老婆、庶民、大衆、家族、補佐役、労働者。
皇后、作業員、農業・林業・牧畜に携わる人、不動産、土木建築業者
副社長、助役。
秘書、参謀、アシスタント、農家、助産師、看護師、介護士、産婦人科
医、保育士、陶芸家、真面目な人。

【人体】胃、腸、血、腹。

【病気】胃腸病、腹膜炎、無気力症、糖尿病、消化不良。

【場所】野原、平原、農村、空地、住宅地、田畑、墓地。
温泉、大衆食堂、ファミリーレストラン、庶民的な場所、牧場（馬や牛
や羊がいる）。
猿がいる観光スポットや動物園、農家や酪農場、回転ずし、
田舎、駄菓子屋、下町、史跡。

【職業】病院、産科医、葬儀屋、雑貨屋、お菓子屋。

スーパー・コンビニ・ファミリーレストランの店員。

【品物】ズボン、座布団、畳、碁盤、将棋盤。
チェス、オセロ、ボードゲーム・セメント。陶器、土、
砂、植木鉢、瓦、生活用品、タンス、まな板、黒くて四角いもの全般
骨董品、民芸品。

【食物】麦、砂糖、お菓子（大衆的な）、
ご飯、おむすび、混ぜご飯、米、小豆、大豆、きび、あわ、そば（田畑
から収穫するもの一切）
あんみつ、くず切り、黒蜜、麩菓子、練り物、おでん　丼物。

【動物】牛、馬、羊、猿、アリ。

【植物】柿　苔、雑草。

【天象】曇天、霜。

【味・色・数】甘味、黒、こげ茶色、五と十。

西の象意（＝七赤金星の象意）

七赤金星は『沢の象』です。沢は水が集まって出来るもので、水が集まれば物は潤い、成長する。それは悦びとなります。

【雑象】悦ぶ、歌う、金銭、恋愛、結婚、飲食中、レジャー、口論、出費、刃物、剣。
飲食、結婚に関するもの、欠陥、手落ち、パーティー、夕日、引退、現金、贅沢、嗜好品、経済、デート、おしゃべり、笑う、お祭り、不注意、不足、不完全、欠ける。

【人物】少女、20歳前の女の子、タレント、歌手、芸人、芸者、ウエイトレス。
料理人、パティシエ、司会者、歯医者、銀行員、金融業者、愛人、不倫相手。

【人体】口、肺臓、呼吸器、胸部、歯。

【病気】口内疾患、歯痛、胸部疾患。

【場所】喫茶店、飲食店、講演会場、沢、窪地、低地、ため池、水溜り、養鶏所、鶏肉屋。
パーティー会場、結婚式場、結婚相談所、コンサートホール、遊園地、カフェ、バー、演芸場、アクセサリーショップ、カラオケボックス。

【職業】飲食業、金融業、銀行員、講演家、歌手、タレント。

【品物】なべ釜、バケツ、刃物、楽器、鈴。
現金、クレジットカード、通帳、破損品、欠陥品。

【食物】鶏肉、鳥料理、スープ、親子丼、焼き鳥、コーヒー、牛乳、酒、ビール、サイダー、お汁粉、甘酒。
ミネラルウォーター。
卵料理、唐辛子、辛い食べ物。

【動物】　虎、羊、豹、鶏、沢鳥。

【植物】　月見草、なでし子、女郎花、秋に咲く草花。コスモス、桔梗、菊。

【天象】　雨、天候が崩れていく。

【味・色・数】　辛味、茜（あかね）色、黄金色、四と九。

西北の象意（＝六白金星の象意）

六白金星は『天の象』です。天が万物を覆っているという様です.

【雑象】　充実、完全、高級、尊い、施す、喜ぶ、活動、争う、賭け事。完全無欠、高いもの、一流のもの、円形・球体のもの、理想、自尊心、高貴、天、最高、トップ、太陽、包まれたもの、優勝。

信仰、神仏、道徳、投資、円形、プライド、玉の輿、出世、競技、グレードアップ。

【人物】天皇、大統領、独裁者、首相、社長、一流人、長官、父、夫、経営者、軍人、資本家、上司。

オーナー、監督、教祖、大臣、リーダー、宝石商、校長、指導者、エンジニア、アスリート、目上の人。

【人体】顔、頭、首、肺臓、肋膜、骨。

【病気】頭痛、腫れる疾患、熱の出る病気、便秘、結核、肺疾患、骨折、血圧、大ケガ。

【場所】ビルディング、高台の場所、官庁、御殿、神社・仏閣、教会、劇場、学校、博覧会、市場、取引所、競技場、競馬場、運動場。

名所旧跡、皇居、証券取引所、フルーツパーラー、競輪場、スタジアム。

【職業】官僚、軍人、貴金属商、時計屋。

【品物】教員、国会議院、
投資家、銀行員、税務署。

宝石、貴金属、時計、電車、自動車、自転車、機関銃、機械、手袋、靴下、マスク、帽子、傘、冠、衣類、風呂敷（など覆うもの一切）。

CD、真珠、ネックレス、よろい、ダイヤモンド、バス、指輪、宝くじ。

【食物】果実全て、いなり寿司、巻き寿司、包まれたお菓子、米、饅頭。

カレー、殻付き落花生、おはぎ、柏餅。

懐石料理、高級な食べ物、オムライス、小籠包、餃子、

【動物】竜、馬、虎、ライオン、鶴、犬、イノシシ、鳳凰。

【植物】薬草、果実、秋に咲く花、神木。

【天象】晴天、快晴。

【味・色・数】辛味、白金色（高級感のあるプラチナのような白金色）、四と九。

五黄土星の象意

五黄土星は『帝王の象』です。支配者の星であり、ものが生み出され、死滅するのもこの星の作用です。

【雑象】病気、腐敗、破壊、戦争、ゴミ、廃物、強情、強欲、死亡、死体、悪化、災害、葬式、崩壊、殺意、凶暴、支配、不毛、腐ったもの、壊れたもの、闘争、荒野、遅れる、中央、中心、ゆすり、たかり、廃業、枯れ木、天変地異。

【人物】大統領、首相、帝王、独裁者、犯罪者、やくざ、悪人、泥棒、死人、廃人、テロリスト、失業者、古美術商、支配人。

【人体】五臓、脾臓。

【病気】脳溢血、心臓疾患、ガン、下痢、高熱を伴う病気。

難病、伝染病。

【場所】　廃跡、戦場、墓地、不毛の地。
火葬場、トイレ、ゴミ集積所、事故現場。

【職業】　葬儀屋、高利貸し、ゴミの回収業、
アンティークショップ、古本屋、古着屋。

【品物】　腐敗したもの、安い物、壊れたもの、古いもの、
遺品、遺書、家宝。

【食物】　安物菓子、腐ったもの、味噌、納豆、粗末な食べ物。
酒粕、チーズ、ヨーグルト、発酵食品、ヴィンテージワイン。

【動物】　猛獣すべて
毒を持つ虫、寄生虫、ゴキブリ、ハエ、蚊。

【植物】　毒草類、
毒キノコ。

【天象】　地震、津波。

【味・色・数】　甘味、黄土色、五と十。

各方位の象意〈ショートバージョン〉

以下、各方位の象意〈ショートバージョン〉です。最低これだけでも覚えておくと便利です。

【北の象意】　酒屋／水商売の店と関係者／温泉／プール／クリーニング／漁師／地下室／セックス／結婚運が開く

【東北の象意】　旅館・ホテルと関係者／山／不動産会社と関係者／神社・仏閣／牛肉料理／いくら／テーブル／イス

【東の象意】　コンサート／講演会場／音楽関係者／電気関係の店・人／寿司屋・寿司職人／インターネット・テレビ・ラジオとその関係者／

新しく始める／長男

【東南の象意】線路・道路／商売人／運送屋／そば・うどん・スパゲティーなど麺類店と関係者／大工／家具屋／旅行業と関係者／電話・通信と関係者／結婚の仲人／結婚運が開く

【南の象意】化粧品／美容院や美容師／占い師／新聞・雑誌の記者／美人／芸術家／アクセサリー
図書館／書店／宴会場／学校／教員／博物館／警察署・消防署やその関係者／眼科や眼科医

【西南の象意】病院と関係者／お菓子屋と関係者／保育・幼稚園と関係者／ご飯や丼もの／家庭運が開く／母親

【西の象意】

飲食関係の店・関係者／口を使うアナウンサー・司会者／歯科医院や関係者／金融関係の会社・人／鳥料理／コーヒー／お酒類／結婚運が開く／歌う

【西北の象意】

経営者・社長・上司／貴金属店と関係者／時計屋と関係者／果実／自動車・電車など乗物全般／カバン・バッグ類／会社や組織のトップ／父親

以上、記載した各方位の特性を大いに活用して、しっかりと幸運を捕まえてください。

第4章

方位体験談　後編

第4章　方位体験談　後編

北の吉方旅行後に、売りに出したマンションが即売！

Nさん（女性）から伺った話です。

Nさんは、以前にも鑑定をしたことがある独身の方でした。彼女は私の助言通り、北30度の吉方旅行へ行ったそうです

六白金星生まれの彼女は、東京の世田谷の住まいから、北30度の北海道のニセコにある薬師温泉に、4月9日から13日まで、4泊5日してきました。

4月の北は、彼女にとって「3倍吉！」という大吉方位でした。

この時の北には、本書では解説していませんが、八白土星という星が回っていて、八白は不動産運、蓄財運、変化運を示していました。

ですから、それらの事で大変幸運に恵まれます。

また北には、もともとの象意である恋愛運アップや、悩み事の解消、金運が増す、などの働きもあります。

八白と北で、どうなったか……。

自宅を売りに出す

彼女は新事業をはじめる為、しばらく住んでいたマンション（築30年2ＬＤＫ）を売りに出すことにしました。

普通、マンションは売りに出しても半年や1年は決まらないケースがたくさんあります。おまけに彼女のマンションは築30年ですから難しい……。

しかし彼女の部屋は、6月15日に不動産屋が見に来て、間もなく売出しを始め、7月15日に初めて見にきた人が一度で気に入ってしまい、その日の内に、それも相場より一割高く売れたのだそうです。

業者さんは「築30年の物件にしては異例の早さで売れた」と、大変驚いていたそうです。

北への旅行後、不動産運に限らず、「何もかもがツイてるんです」と言う彼女でした。

西北の大吉方位へ行った後、苦手な上司が急に退職に……（お便り）

こんなお便りを頂きました。

「9月に電話鑑定をしていただいたS．A．です。

先生に教えていただいた日から北西の鳥取へ旅行にいきました。どうしても日にちが合わず、二泊しか出来なかったのですが、早速、吉方旅行の効果があったので、ご報告します。

会社にとても苦手な上司がいて（60歳女性）、何度もこの上司に泣かされました。

もちろん怒られて仕方のない理由の時もありますが、自分の機嫌が悪くて当たられたりで、嫌な思いをすることも多々あります。休みの日も、この上司の事しか考えられない日々を送っていました。仕事を辞めようとも、何回も思いました。でも結婚退職以外は許してくれません（会社や上司の不満を言って辞められると、自分の名が汚れるからです……）。

旅行後、上司が急に辞めることに

ところが、そんな25年もこの会社で働いた上司が、突然、会社を辞めると言い出したのです。

理由は、60歳でしんどくなってきた……ということです。

私は、こんな25年もこの会社で働いた上司が辞める!!　と言ったのは、奇跡としか思えません。

だって自分で「65歳まで働く！」と言っていたのですから……。

これは私が旅行から帰ってきて、一週間後の出来事でした。これは旅行の効果だと思いました。――後略――」

（S．A．女性）

西北60度は上司運です。その西北方位の、しかも大吉の大歳入り（効果3倍！）の方位ともなれば、二泊しかできなかったとしても、かなりの吉方位パワーが充電できます。

西北の吉方位へ旅行や引っ越しをすると、上司による幸運があります。

多くの場合、いい上司にすげ替わる、上司や社長からの信頼がどんどん増して出世する、などですが、S．A．さんのように、苦手な上司が急に会社を止める、という事もよくあります。

他の西北へ行った人（女性ＯＬ）のケースでも、4人の苦手な上司が全員、旅行後1～2ヶ月の間に次々退職したり、異動になって居なくなった、ということがありました。これらは、西北の吉方位へ行って上司運が良くなった結果です。

吉方旅行の幸運は、行っていない家族にも及ぶ！

この度、２回目の鑑定をしたM．K．さん（七赤金星　大阪在住　女性）のお話です。

前回鑑定した時に、

「吉方旅行に行きたいのですが、どちらへ行けば良いでしょうか？」

と訊ねられたので、大阪の自宅から東北60度に当たる北海道に、９月24日から27日の、現地三泊（以上）の旅行をお勧めしました。

そこで彼女は、北海道三泊の一人旅に出かけました。さて、それから彼女の周辺に起こった出来事を、ここでご紹介します。

まず、これは良い、悪いというものではありませんが、北海道に行こう！　と決めた日に、北海道の企業から間違い電話が入り、その人の名前が、M．K．さんと同じ苗字の人だった、ということがありました。

予定を立てた日から、意識が北海道に飛んでいるので、北海道の同じ苗字の人が思わず反応し、引き寄せられて電話をしてしまったのでしょう。

旅行の最中2日目に、札幌で宝くじ一枚とスクラッチ（削りくじ）二枚を買った。それがナント、三枚とも当たり！　宝くじは三千円の当たりで、スクラッチは2枚とも5百円の当たり。

旅行に行っていない主人に、幸運が！

それからMさんが、旅行から帰った日のこと。

半年前に定年退職をして、次の就職先をずっと探していたけれど、どこもダメだったご主人に、ある会社から「面接を受けてください」と連絡が来た。

そして娘さん（八白土星）が一人で、十月中旬に北海道へ三泊の吉方旅行を終えて帰って来た日、ご主人がその会社に採用されることが決定したのでした。それも前の仕事より好条件で!!

このように、家族は運命共同体ですから、家族の誰かが吉方旅行へ行くと、行っていない家族にも効果が顕れる事になります。ご主人の収入が上がれば、妻や娘である家族は、生活が楽になり豊かになるのですから、納得！　ですね。

吉方旅行の後、こんな出会いで結婚に！

A．S．さん（当時33歳　女性　熊本）のお話です。

昭和49年、八白土星生まれの彼女は、昨年4月に、私の一度目の直接鑑定を横浜でお受けになりました。

お仕事は助産婦さんです。そして今年の三月、二度目の鑑定になる電話鑑定をお受けになった。

私は最初の鑑定時、当時32歳だった彼女に、

「あなたは32歳のうちに結婚が決まりますよ！」

と言ったのでした。

(私は言ったことをすっかり忘れていましたから、今回彼女から伺いました)

そして、彼女は方位学に従って、２００６年６月の終わりから７月初めにかけて、西南60度の大吉方位、沖縄県の西表島へ旅行に行きました。

すると旅行から一ヶ月ちょっと経った８月のある日、街で６年前に出産に立ち会った女性にバッタリ会って、こんな会話になった。

「Aさん、結婚しないんですか？　誰かいい人、いないんですか？」

「ええ、いないんですよ。誰かいれば紹介してください！」

「じゃ、うちの弟、どうですか!?」

それで弟さんに会って、直ぐに決まり！　結局私の言ったとおり、32歳で彼女は婚約したのでした。

西南の方位は、母とか妻、家族という象意ですから、母である女性に、家族である弟さんを紹介された、というのが面白いですね。これが象意の出方の典型例です。縁とは不思議なものです。決まる時には、あっという間に決まります。

大吉方位へ方位学を知らないのに行くのは、開運期が近い証拠

鑑定を一緒にお受けになった女友だちの二人、Aさん（当時27歳）とBさん（当時27歳）の手相には、それぞれ、もうすぐのところに開運の印がありました。

そういう揃って開運期が間近、というお二人でした。

それで驚いたのは、二人とも方位学をまったく知らないのに、それぞれが最近、大吉方位へ旅行に行っていたことでした。

二黒土星のAさんは、前年の六月下旬に鹿児島へ、三碧木星のBさんは前年十二月に台湾へ、それぞれ三泊以上しています。

二人ともが大吉方位に行くなんて…

お見事！　お二人とも大吉方位（年月共の吉方位）でした。方位学を知らないまま自然に吉方位へ行く確率は約二割。まして二人のように大吉方位となると1～2％ほどの人にしかありません。それなのに二人ともが、それぞれ大吉方位に見事に旅行に行っているというのは、このお二人、いよいよ幸運な時期が近づいて来ているという証拠です。

このように、過去、旅行に行った方位を調べると、近未来が分かります。

もちろん、これから方位学の知識を基にしていい方位へ行く人、誰かのアドバイスを聞いていい方位へ行く人も、未来が素晴らしい、極めて運のいい人である事は言うまでもありません。

行った先が大凶方位とは知らなかったけれど、余りの不運に遭遇して逃げ帰った女性

Ｉ子さん（当時45歳　女性）は、住まいの京都から、毎年志賀高原（長野県北部）のスキー場へ、３泊４日で出かけていました。

それも毎年、冬のスキーシーズンの間に、２月、３月、４月と三回も行くほどでした。ですから彼女は、その年も当然の如く、２月の中旬に彼女の住まいから、東北60度の志賀高原へ。

ところがその年は、いつもと様子が違っていました。

まずは宅急便で送ったカバンが、宿で受け取ってみると、プラスチックの部分が粉々に割れていたのです。

「こんな事初めて～」と驚く彼女。

また、体調がおかしい……。そう思っていると、熱がうなぎ昇りに。しかも夜には連

続の嘔吐!!

それでもうギブアップ。ほうほうの体で、一泊だけで逃げ帰ってきたそうです。

帰ってからもまだ影響は続き、今度は生まれて初めてのインフルエンザにかかってしまいました。

それで毎年三回行くスキーツアーに行く気がしなくなり、その年はそれっきり行きはしませんでした。

「何か変だ……、不吉だ……」とI子さん。後で調べると、大凶方位だった!

方位学を知らない彼女でしたが、「何か変だ……、不吉だ……」と感じたそうです。

「自分は運が強い方だと思っていたのに……、こんな事が重なって、どうなっちゃったんだろう?」

そんなことを思っていた年の夏に、私の方位学の本に出会い、読んでみてビックリ〜!

その年（2007年）の東北60度は、大凶方位。中でも2月は年月ダブリ（同会）の五黄殺（大凶方位）だったのでした。つまり3倍大凶方位！

「今年の2月のスキー旅行が、散々だった訳だ……」

と、方位学のスゴサを体験で知った彼女でした。

悪い方位へいくと散々ですが、でも良い方位へ行くと、いっぱいいい事があるのが方位の作用です。

皆さん！　この方位の力を大いに活用して、ドンドン幸せになってください！

2024年の各星の6月～8月の吉凶表

一白水星（2024年）

	この期間内に自宅を出発する場合の吉凶	北 30°	東北 60°	東 30°	東南 60°	南 30°	西南 60°	西 30°	西北 60°	備考
6月	6/6~7/5	✕	○	✕	普通	×	△	✕	×	
7月	7/7~8/6	×	×	✕	×	×	△	✕	✕	
8月	8/8~9/6	○	✕	✕	△	○	×	✕	×	

二黒土星（2024年）

	この期間内に自宅を出発する場合の吉凶	北 30°	東北 60°	東 30°	東南 60°	南 30°	西南 60°	西 30°	西北 60°	備考
6月	6/6~7/5	✕	▵	×	✕	×	○	×	✕	
7月	7/7~8/6	×	×	✕	✕	×	○	✕	✕	
8月	8/8~9/6	▵	✕	×	✕	▵	✕	×	✕	

三碧木星（2024年）

	この期間内に自宅を出発する場合の吉凶	北 30°	東北 60°	東 30°	東南 60°	南 30°	西南 60°	西 30°	西北 60°	備考
6月	6/6~7/5	✕	△	✕	△	×	▵	✕	×	
7月	7/7~8/6	×	✕	×	普通	×	×	×	×	
8月	8/8~9/6	×	✕	×	普通	×	×	×	×	

四緑木星（2024年）

	この期間内に自宅を出発する場合の吉凶	北 30°	東北 60°	東 30°	東南 60°	南 30°	西南 60°	西 30°	西北 60°	備考
6月	6/6~7/5	✕	×	×	✕	×	×	×	✕	
7月	7/7~8/6	✕	×	×	✕	✕	▵	×	✕	
8月	8/8~9/6	×	✕	×	✕	×	×	×	✕	

五黄土星（2024年）

	この期間内に自宅を出発する場合の吉凶	北 30°	東北 60°	東 30°	東南 60°	南 30°	西南 60°	西 30°	西北 60°	備考
6月	6/6~7/5	✕	▵	✕	◎	✕	○	✕	×	東南3倍の吉
7月	7/7~8/6	✕	×	✕	◎	✕	○	✕	×	東南3倍の吉
8月	8/8~9/6	▵	✕	✕	◎	▵	✕	✕	×	東南3倍の吉

六白金星（2024年）

	この期間内に自宅を出発する場合の吉凶	北 30°	東北 60°	東 30°	東南 60°	南 30°	西南 60°	西 30°	西北 60°	備考
6月	6/6~7/5	✕	×	×	▵	✕	×	×	×	引越のみ東南３倍の吉
7月	7/7~8/6	×	✕	×	◎	×	✕	×	×	東南３倍の吉
8月	8/8~9/6	▵	✕	✕	◎	▵	✕	✕	×	東南３倍の吉

七赤金星（2024年）

	この期間内に自宅を出発する場合の吉凶	北 30°	東北 60°	東 30°	東南 60°	南 30°	西南 60°	西 30°	西北 60°	備考
6月	6/6~7/5	✕	×	×	▵	✕	×	×	×	引越のみ東南3倍の吉
7月	7/7~8/6	✕	×	✕	◎	✕	△	✕	×	東南3倍の吉
8月	8/8~9/6	×	✕	×	×	×	×	×	✕	

八白土星（2024年）

	この期間内に自宅を出発する場合の吉凶	北 30°	東北 60°	東 30°	東南 60°	南 30°	西南 60°	西 30°	西北 60°	備考
6月	6/6~7/5	✕	▵	✕	◎	✕	○	✕	×	東南3倍の吉
7月	7/7~8/6	✕	×	×	×	✕	○	×	✕	
8月	8/8~9/6	×	✕	×	◎	×	×	×	×	東南3倍の吉

九紫火星（2024年）

	この期間内に自宅を出発する場合の吉凶	北 30°	東北 60°	東 30°	東南 60°	南 30°	西南 60°	西 30°	西北 60°	備考
6月	6/6~7/5	✕	×	×	×	×	×	×	✕	
7月	7/7~8/6	×	✕	×	◎	×	×	×	×	東南3倍の吉
8月	8/8~9/6	◎	✕	×	×	△	✕	×	✕	北2倍の吉

年表の見方（2024年〜2030年1月）

本書では「年表」を使って方位を割り出す、といった専門的な話は全て省きました。ここに掲載した6年間分の年表は、サービスとして付けました。以降、方位学の専門解説ですので、飛ばして読んで下さって結構です。

年表には、2月から翌年の1月までの毎年1年間の年盤、そして毎月の月盤、毎日の日盤を掲載しました。

表の中の【中宮】の九星（一白とか二黒）というのは、その日の日盤・中央に入る九星を指します。

例／2025年10月14日の日盤は、中央に五黄の入った盤である、という事です。

便利な使い方は、今日、住まいから東北60度に行くのだけれど、九星は何の方位？と知りたい場合は、2025年の8月の月盤を見ると五黄が中央に入った盤ですので、これを見ればいいという訳です。盤は、年盤も月盤も日盤も星の配列は同じですから、月盤の欄にある盤を日盤に見立てて活用すればいいです。これで自分の住所から見た、今日の吉方位・凶方位が分かります。

令和６年（2024年）

（年盤）

（辰年）　閏年　三碧木星　中宮

7月			6月			5月			4月			3月			2月			月
未			午			巳			辰			卯			寅			十二支
6日　23：20			5日　13：10			5日　9：10			4日　16：02			5日　11：23			4日　17：27			節入
															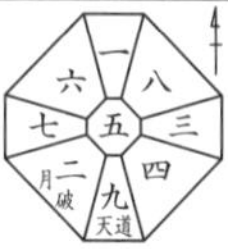			（北が上）月盤
曜	中宮	十二支	曜	中宮	十二支	曜	中宮	十二支	曜	中宮	十二支	曜	中宮	十二支	曜	中宮	十二支	日
月	七赤	寅	土	九紫	申	水	五黄	丑	月	二黒	未	金	七赤	子	木	五黄	未	1
火	六白	卯	日	一白	酉	木	六白	寅	火	三碧	申	土	八白	丑	金	六白	申	2
水	五黄	辰	月	二黒	戌	金	七赤	卯	水	四緑	酉	日	九紫	寅	土	七赤	酉	3
木	四緑	巳	火	三碧	亥	土	八白	辰	木	五黄	戌	月	一白	卯	日	八白	戌	4
金	三碧	午	水	四緑	子	日	九紫	巳	金	六白	亥	火	二黒	辰	月	九紫	亥	5
土	二黒	未	木	五黄	丑	月	一白	午	土	七赤	子	水	三碧	巳	火	一白	子	6
日	一白	申	金	六白	寅	火	二黒	未	日	八白	丑	木	四緑	午	水	二黒	丑	7
月	九紫	酉	土	七赤	卯	水	三碧	申	月	九紫	寅	金	五黄	未	木	三碧	寅	8
火	八白	戌	日	八白	辰	木	四緑	酉	火	一白	卯	土	六白	申	金	四緑	卯	9
水	七赤	亥	月	九紫	巳	金	五黄	戌	水	二黒	辰	日	七赤	酉	土	五黄	辰	10
木	六白	子	火	一白	午	土	六白	亥	木	三碧	巳	月	八白	戌	日	六白	巳	11
金	五黄	丑	水	二黒	未	日	七赤	子	金	四緑	午	火	九紫	亥	月	七赤	午	12
土	四緑	寅	木	三碧	申	月	八白	丑	土	五黄	未	水	一白	子	火	八白	未	13
日	三碧	卯	金	四緑	酉	火	九紫	寅	日	六白	申	木	二黒	丑	水	九紫	申	14
月	二黒	辰	土	五黄	戌	水	一白	卯	月	七赤	酉	金	三碧	寅	木	一白	酉	15
火	一白	巳	日	六白	亥	木	二黒	辰	火	八白	戌	土	四緑	卯	金	二黒	戌	16
水	九紫	午	月	七赤	子	金	三碧	巳	水	九紫	亥	日	五黄	辰	土	三碧	亥	17
木	八白	未	火	八白	丑	土	四緑	午	木	一白	子	月	六白	巳	日	四緑	子	18
金	七赤	申	水	九紫	寅	日	五黄	未	金	二黒	丑	火	七赤	午	月	五黄	丑	19
土	六白	酉	木	一白	卯	月	六白	申	土	三碧	寅	水	八白	未	火	六白	寅	20
日	五黄	戌	金	二黒	辰	火	七赤	酉	日	四緑	卯	木	九紫	申	水	七赤	卯	21
月	四緑	亥	土	三碧	巳	水	八白	戌	月	五黄	辰	金	一白	酉	木	八白	辰	22
火	三碧	子	日	四緑	午	木	九紫	亥	火	六白	巳	土	二黒	戌	金	九紫	巳	23
水	二黒	丑	月	五黄	未	金	一白	子	水	七赤	午	日	三碧	亥	土	一白	午	24
木	一白	寅	火	六白	申	土	二黒	丑	木	八白	未	月	四緑	子	日	二黒	未	25
金	九紫	卯	水	七赤	酉	日	三碧	寅	金	九紫	申	火	五黄	丑	月	三碧	申	26
土	八白	辰	木	八白	戌	月	四緑	卯	土	一白	酉	水	六白	寅	火	四緑	酉	27
日	七赤	巳	金	九紫	亥	火	五黄	辰	日	二黒	戌	木	七赤	卯	水	五黄	戌	28
月	六白	午	土	九紫	子	水	六白	巳	月	三碧	亥	金	八白	辰	木	六白	亥	29
火	五黄	未	日	八白	丑	木	七赤	午	火	四緑	子	土	九紫	巳				30
水	四緑	申				金	八白	未				日	一白	午				31

メモ

(翌) 1月			12月			11月			10月			9月			8月			月
丑			子			亥			戌			酉			申			十二支
5日　11：32			7日　0：17			7日　7：20			8日　4：00			7日　12：11			7日　9：09			節入
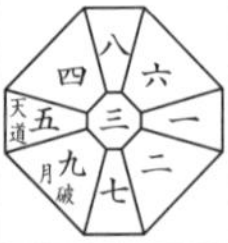			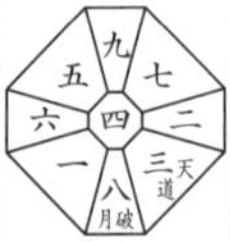															(北が上) 月盤
曜	中宮	十二支	曜	中宮	十二支	曜	中宮	十二支	曜	中宮	十二支	曜	中宮	十二支	曜	中宮	十二支	日
水	七赤	午	日	七赤	亥	金	一白	巳	火	五黄	戌	日	八白	辰	木	三碧	酉	1
木	八白	未	月	六白	子	土	九紫	午	水	四緑	亥	月	七赤	巳	金	二黒	戌	2
金	九紫	申	火	五黄	丑	日	八白	未	木	三碧	子	火	六白	午	土	一白	亥	3
土	一白	酉	水	四緑	寅	月	七赤	申	金	二黒	丑	水	五黄	未	日	九紫	子	4
日	二黒	戌	木	三碧	卯	火	六白	酉	土	一白	寅	木	四緑	申	月	八白	丑	5
月	三碧	亥	金	二黒	辰	水	五黄	戌	日	九紫	卯	金	三碧	酉	火	七赤	寅	6
火	四緑	子	土	一白	巳	木	四緑	亥	月	八白	辰	土	二黒	戌	水	六白	卯	7
水	五黄	丑	日	九紫	午	金	三碧	子	火	七赤	巳	日	一白	亥	木	五黄	辰	8
木	六白	寅	月	八白	未	土	二黒	丑	水	六白	午	月	九紫	子	金	四緑	巳	9
金	七赤	卯	火	七赤	申	日	一白	寅	木	五黄	未	火	八白	丑	土	三碧	午	10
土	八白	辰	水	六白	酉	月	九紫	卯	金	四緑	申	水	七赤	寅	日	二黒	未	11
日	九紫	巳	木	五黄	戌	火	八白	辰	土	三碧	酉	木	六白	卯	月	一白	申	12
月	一白	午	金	四緑	亥	水	七赤	巳	日	二黒	戌	金	五黄	辰	火	九紫	酉	13
火	二黒	未	土	三碧	子	木	六白	午	月	一白	亥	土	四緑	巳	水	八白	戌	14
水	三碧	申	日	二黒	丑	金	五黄	未	火	九紫	子	日	三碧	午	木	七赤	亥	15
木	四緑	酉	月	一白	寅	土	四緑	申	水	八白	丑	月	二黒	未	金	六白	子	16
金	五黄	戌	火	九紫	卯	日	三碧	酉	木	七赤	寅	火	一白	申	土	五黄	丑	17
土	六白	亥	水	八白	辰	月	二黒	戌	金	六白	卯	水	九紫	酉	日	四緑	寅	18
日	七赤	子	木	七赤	巳	火	一白	亥	土	五黄	辰	木	八白	戌	月	三碧	卯	19
月	八白	丑	金	六白	午	水	九紫	子	日	四緑	巳	金	七赤	亥	火	二黒	辰	20
火	九紫	寅	土	五黄	未	木	八白	丑	月	三碧	午	土	六白	子	水	一白	巳	21
水	一白	卯	日	四緑	申	金	七赤	寅	火	二黒	未	日	五黄	丑	木	九紫	午	22
木	二黒	辰	月	三碧	酉	土	六白	卯	水	一白	申	月	四緑	寅	金	八白	未	23
金	三碧	巳	火	二黒	戌	日	五黄	辰	木	九紫	酉	火	三碧	卯	土	七赤	申	24
土	四緑	午	水	一白	亥	月	四緑	巳	金	八白	戌	水	二黒	辰	日	六白	酉	25
日	五黄	未	木	一白	子	火	三碧	午	土	七赤	亥	木	一白	巳	月	五黄	戌	26
月	六白	申	金	二黒	丑	水	二黒	未	日	六白	子	金	九紫	午	火	四緑	亥	27
火	七赤	酉	土	三碧	寅	木	一白	申	月	五黄	丑	土	八白	未	水	三碧	子	28
水	八白	戌	日	四緑	卯	金	九紫	酉	火	四緑	寅	日	七赤	申	木	二黒	丑	29
木	九紫	亥	月	五黄	辰	土	八白	戌	水	三碧	卯	月	六白	酉	金	一白	寅	30
金	一白	子	火	六白	巳				木	二黒	辰				土	九紫	卯	31

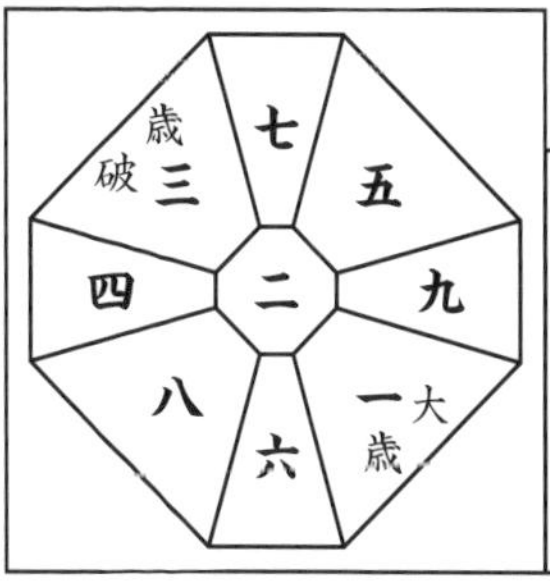

令和7年（2025年）

（年盤）　（巳年）　二黒土星　中宮

7月			6月			5月			4月			3月			2月			月
未			午			巳			辰			卯			寅			十二支
7日　5：05			5日　18：56			5日　14：57			4日　21：48			5日　17：07			3日　23：10			節入
																		（北が上）月盤
曜	中宮	十二支	曜	中宮	十二支	曜	中宮	十二支	曜	中宮	十二支	曜	中宮	十二支	曜	中宮	十二支	日
火	二黒	未	日	五黄	丑	木	一白	午	火	七赤	子	土	三碧	巳	土	二黒	丑	1
水	一白	申	月	六白	寅	金	二黒	未	水	八白	丑	日	四緑	午	日	三碧	寅	2
木	九紫	酉	火	七赤	卯	土	三碧	申	木	九紫	寅	月	五黄	未	月	四緑	卯	3
金	八白	戌	水	八白	辰	日	四緑	酉	金	一白	卯	火	六白	申	火	五黄	辰	4
土	七赤	亥	木	九紫	巳	月	五黄	戌	土	二黒	辰	水	七赤	酉	水	六白	巳	5
日	六白	子	金	一白	午	火	六白	亥	日	三碧	巳	木	八白	戌	木	七赤	午	6
月	五黄	丑	土	二黒	未	水	七赤	子	月	四緑	午	金	九紫	亥	金	八白	未	7
火	四緑	寅	日	三碧	申	木	八白	丑	火	五黄	未	土	一白	子	土	九紫	申	8
水	三碧	卯	月	四緑	酉	金	九紫	寅	水	六白	申	日	二黒	丑	日	一白	酉	9
木	二黒	辰	火	五黄	戌	土	一白	卯	木	七赤	酉	月	三碧	寅	月	二黒	戌	10
金	一白	巳	水	六白	亥	日	二黒	辰	金	八白	戌	火	四緑	卯	火	三碧	亥	11
土	九紫	午	木	七赤	子	月	三碧	巳	土	九紫	亥	水	五黄	辰	水	四緑	子	12
日	八白	未	金	八白	丑	火	四緑	午	日	一白	子	木	六白	巳	木	五黄	丑	13
月	七赤	申	土	九紫	寅	水	五黄	未	月	二黒	丑	金	七赤	午	金	六白	寅	14
火	六白	酉	日	一白	卯	木	六白	申	火	三碧	寅	土	八白	未	土	七赤	卯	15
水	五黄	戌	月	二黒	辰	金	七赤	酉	水	四緑	卯	日	九紫	申	日	八白	辰	16
木	四緑	亥	火	三碧	巳	土	八白	戌	木	五黄	辰	月	一白	酉	月	九紫	巳	17
金	三碧	子	水	四緑	午	日	九紫	亥	金	六白	巳	火	二黒	戌	火	一白	午	18
土	二黒	丑	木	五黄	未	月	一白	子	土	七赤	午	水	三碧	亥	水	二黒	未	19
日	一白	寅	金	六白	申	火	二黒	丑	日	八白	未	木	四緑	子	木	三碧	申	20
月	九紫	卯	土	七赤	酉	水	三碧	寅	月	九紫	申	金	五黄	丑	金	四緑	酉	21
火	八白	辰	日	八白	戌	木	四緑	卯	火	一白	酉	土	六白	寅	土	五黄	戌	22
水	七赤	巳	月	九紫	亥	金	五黄	辰	水	二黒	戌	日	七赤	卯	日	六白	亥	23
木	六白	午	火	九紫	子	土	六白	巳	木	三碧	亥	月	八白	辰	月	七赤	子	24
金	五黄	未	水	八白	丑	日	七赤	午	金	四緑	子	火	九紫	巳	火	八白	丑	25
土	四緑	申	木	七赤	寅	月	八白	未	土	五黄	丑	水	一白	午	水	九紫	寅	26
日	三碧	酉	金	六白	卯	火	九紫	申	日	六白	寅	木	二黒	未	木	一白	卯	27
月	二黒	戌	土	五黄	辰	水	一白	酉	月	七赤	卯	金	三碧	申	金	二黒	辰	28
火	一白	亥	日	四緑	巳	木	二黒	戌	火	八白	辰	土	四緑	酉				29
水	九紫	子	月	三碧	午	金	三碧	亥	水	九紫	巳	日	五黄	戌				30
木	八白	丑				土	四緑	子				月	六白	亥				31

メモ

月																		
(翌) 1月			12月			11月			10月			9月			8月			月
丑			子			亥			戌			酉			申			十二支
5日 17：23			7日 6：04			7日 13：04			8日 9：41			7日 17：52			7日 14：51			節入
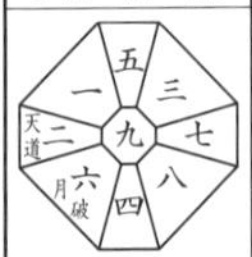									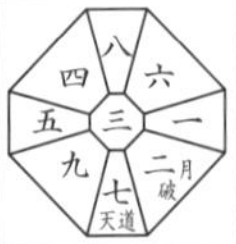									(北が上) 月盤
曜	中宮	十二支	曜	中宮	十二支	曜	中宮	十二支	曜	中宮	十二支	曜	中宮	十二支	曜	中宮	十二支	日
木	三碧	亥	月	二黒	辰	土	五黄	戌	水	九紫	卯	月	三碧	酉	金	七赤	寅	1
金	四緑	子	火	一白	巳	日	四緑	亥	木	八白	辰	火	二黒	戌	土	六白	卯	2
土	五黄	丑	水	九紫	午	月	三碧	子	金	七赤	巳	水	一白	亥	日	五黄	辰	3
日	六白	寅	木	八白	未	火	二黒	丑	土	六白	午	木	九紫	子	月	四緑	巳	4
月	七赤	卯	金	七赤	申	水	一白	寅	日	五黄	未	金	八白	丑	火	三碧	午	5
火	八白	辰	土	六白	酉	木	九紫	卯	月	四緑	申	土	七赤	寅	水	二黒	未	6
水	九紫	巳	日	五黄	戌	金	八白	辰	火	三碧	酉	日	六白	卯	木	一白	申	7
木	一白	午	月	四緑	亥	土	七赤	巳	水	二黒	戌	月	五黄	辰	金	九紫	酉	8
金	二黒	未	火	三碧	子	日	六白	午	木	一白	亥	火	四緑	巳	土	八白	戌	9
土	三碧	申	水	二黒	丑	月	五黄	未	金	九紫	子	水	三碧	午	日	七赤	亥	10
日	四緑	酉	木	一白	寅	火	四緑	申	土	八白	丑	木	二黒	未	月	六白	子	11
月	五黄	戌	金	九紫	卯	水	三碧	酉	日	七赤	寅	金	一白	申	火	五黄	丑	12
火	六白	亥	土	八白	辰	木	二黒	戌	月	六白	卯	土	九紫	酉	水	四緑	寅	13
水	七赤	子	日	七赤	巳	金	一白	亥	火	五黄	辰	日	八白	戌	木	三碧	卯	14
木	八白	丑	月	六白	午	土	九紫	子	水	四緑	巳	月	七赤	亥	金	二黒	辰	15
金	九紫	寅	火	五黄	未	日	八白	丑	木	三碧	午	火	六白	子	土	一白	巳	16
土	一白	卯	水	四緑	申	月	七赤	寅	金	二黒	未	水	五黄	丑	日	九紫	午	17
日	二黒	辰	木	三碧	酉	火	六白	卯	土	一白	申	木	四緑	寅	月	八白	未	18
月	三碧	巳	金	二黒	戌	水	五黄	辰	日	九紫	酉	金	三碧	卯	火	七赤	申	19
火	四緑	午	土	一白	亥	木	四緑	巳	月	八白	戌	土	二黒	辰	水	六白	酉	20
水	五黄	未	日	一白	子	金	三碧	午	火	七赤	亥	日	一白	巳	木	五黄	戌	21
木	六白	申	月	二黒	丑	土	二黒	未	水	六白	子	月	九紫	午	金	四緑	亥	22
金	七赤	酉	火	三碧	寅	日	一白	申	木	五黄	丑	火	八白	未	土	三碧	子	23
土	八白	戌	水	四緑	卯	月	九紫	酉	金	四緑	寅	水	七赤	申	日	二黒	丑	24
日	九紫	亥	木	五黄	辰	火	八白	戌	土	三碧	卯	木	六白	酉	月	一白	寅	25
月	一白	子	金	六白	巳	水	七赤	亥	日	二黒	辰	金	五黄	戌	火	九紫	卯	26
火	二黒	丑	土	七赤	午	木	六白	子	月	一白	巳	土	四緑	亥	水	八白	辰	27
水	三碧	寅	日	八白	未	金	五黄	丑	火	九紫	午	日	三碧	子	木	七赤	巳	28
木	四緑	卯	月	九紫	申	土	四緑	寅	水	八白	未	月	二黒	丑	金	六白	午	29
金	五黄	辰	火	一白	酉	日	三碧	卯	木	七赤	申	火	一白	寅	土	五黄	未	30
土	六白	巳	水	二黒	戌				金	六白	酉				日	四緑	申	31

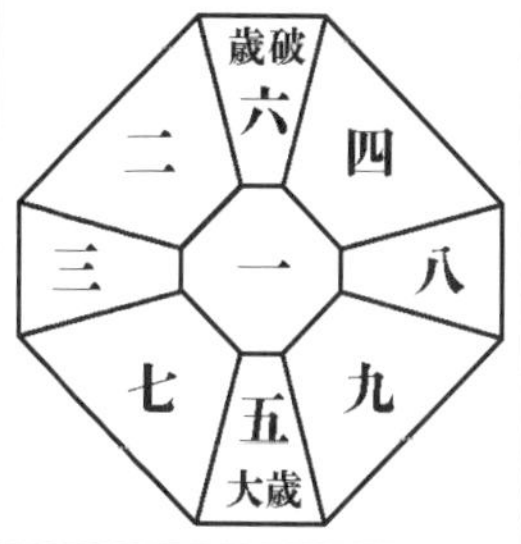

(年盤)

令和8年（2026年）

(午年)　　一白水星　中宮

7月			6月			5月			4月			3月			2月			月
未			午			巳			辰			卯			寅			十二支
7日　10：57			6日　0：48			5日　20：48			5日　3：40			5日　22：59			4日　5：02			節入
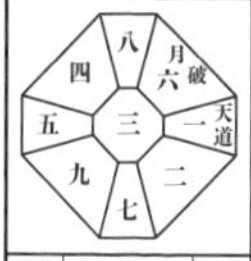			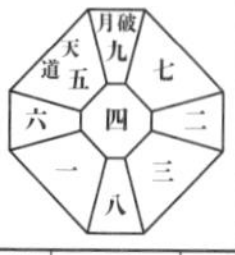									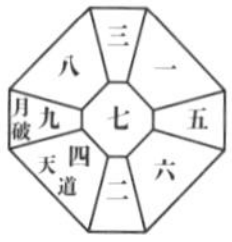			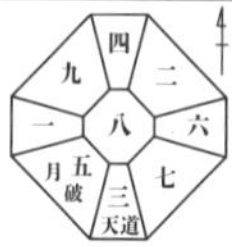			(北が上) 月盤
曜	中宮	十二支	曜	中宮	十二支	曜	中宮	十二支	曜	中宮	十二支	曜	中宮	十二支	曜	中宮	十二支	日
水	六白	子	月	一白	午	金	六白	亥	水	三碧	巳	日	八白	戌	日	七赤	午	1
木	五黄	丑	火	二黒	未	土	七赤	子	木	四緑	午	月	九紫	亥	月	八白	未	2
金	四緑	寅	水	三碧	申	日	八白	丑	金	五黄	未	火	一白	子	火	九紫	申	3
土	三碧	卯	木	四緑	酉	月	九紫	寅	土	六白	申	水	二黒	丑	水	一白	酉	4
日	二黒	辰	金	五黄	戌	火	一白	卯	日	七赤	酉	木	三碧	寅	木	二黒	戌	5
月	一白	巳	土	六白	亥	水	二黒	辰	月	八白	戌	金	四緑	卯	金	三碧	亥	6
火	九紫	午	日	七赤	子	木	三碧	巳	火	九紫	亥	土	五黄	辰	土	四緑	子	7
水	八白	未	月	八白	丑	金	四緑	午	水	一白	子	日	六白	巳	日	五黄	丑	8
木	七赤	申	火	九紫	寅	土	五黄	未	木	二黒	丑	月	七赤	午	月	六白	寅	9
金	六白	酉	水	一白	卯	日	六白	申	金	三碧	寅	火	八白	未	火	七赤	卯	10
土	五黄	戌	木	二黒	辰	月	七赤	酉	土	四緑	卯	水	九紫	申	水	八白	辰	11
日	四緑	亥	金	三碧	巳	火	八白	戌	日	五黄	辰	木	一白	酉	木	九紫	巳	12
月	三碧	子	土	四緑	午	水	九紫	亥	月	六白	巳	金	二黒	戌	金	一白	午	13
火	二黒	丑	日	五黄	未	木	一白	子	火	七赤	午	土	三碧	亥	土	二黒	未	14
水	一白	寅	月	六白	申	金	二黒	丑	水	八白	未	日	四緑	子	日	三碧	申	15
木	九紫	卯	火	七赤	酉	土	三碧	寅	木	九紫	申	月	五黄	丑	月	四緑	酉	16
金	八白	辰	水	八白	戌	日	四緑	卯	金	一白	酉	火	六白	寅	火	五黄	戌	17
土	七赤	巳	木	九紫	亥	月	五黄	辰	土	二黒	戌	水	七赤	卯	水	六白	亥	18
日	六白	午	金	九紫	子	火	六白	巳	日	三碧	亥	木	八白	辰	木	七赤	子	19
月	五黄	未	土	八白	丑	水	七赤	午	月	四緑	子	金	九紫	巳	金	八白	丑	20
火	四緑	申	日	七赤	寅	木	八白	未	火	五黄	丑	土	一白	午	土	九紫	寅	21
水	三碧	酉	月	六白	卯	金	九紫	申	水	六白	寅	日	二黒	未	日	一白	卯	22
木	二黒	戌	火	五黄	辰	土	一白	酉	木	七赤	卯	月	三碧	申	月	二黒	辰	23
金	一白	亥	水	四緑	巳	日	二黒	戌	金	八白	辰	火	四緑	酉	火	三碧	巳	24
土	九紫	子	木	三碧	午	月	三碧	亥	土	九紫	巳	水	五黄	戌	水	四緑	午	25
日	八白	丑	金	二黒	未	火	四緑	子	日	一白	午	木	六白	亥	木	五黄	未	26
月	七赤	寅	土	一白	申	水	五黄	丑	月	二黒	未	金	七赤	子	金	六白	申	27
火	六白	卯	日	九紫	酉	木	六白	寅	火	三碧	申	土	八白	丑	土	七赤	酉	28
水	五黄	辰	月	八白	戌	金	七赤	卯	水	四緑	酉	日	九紫	寅				29
木	四緑	巳	火	七赤	亥	土	八白	辰	木	五黄	戌	月	一白	卯				30
金	三碧	午				日	九紫	巳				火	二黒	辰				31

メモ

月	8月			9月			10月			11月			12月			(翌) 1月		
十二支	申			酉			戌			亥			子			丑		
節入	7日 20：42			7日 23：41			8日 15：29			7日 18：52			7日 11：52			5日 23：10		
(北が上) 月盤	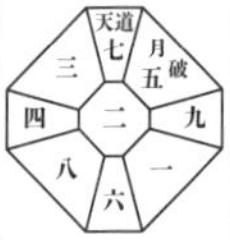			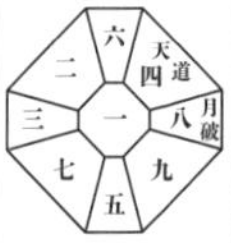			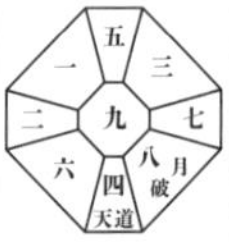						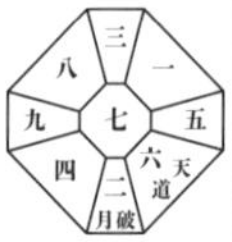			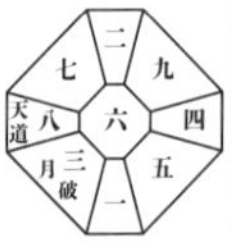		
日	曜	中宮	十二支	曜	中宮	十二支	曜	中宮	十二支	曜	中宮	十二支	曜	中宮	十二支	曜	中宮	十二支
1	土	二黒	未	火	七赤	寅	木	四緑	申	日	九紫	卯	火	六白	酉	金	八白	辰
2	日	一白	申	水	六白	卯	金	三碧	酉	月	八白	辰	水	五黄	戌	土	九紫	巳
3	月	九紫	酉	木	五黄	辰	土	二黒	戌	火	七赤	巳	木	四緑	亥	日	一白	午
4	火	八白	戌	金	四緑	巳	日	一白	亥	水	六白	午	金	三碧	子	月	二黒	未
5	水	七赤	亥	土	三碧	午	月	九紫	子	木	五黄	未	土	二黒	丑	火	三碧	申
6	木	六白	子	日	二黒	未	火	八白	丑	金	四緑	申	日	一白	寅	水	四緑	酉
7	金	五黄	丑	月	一白	申	水	七赤	寅	土	三碧	酉	月	九紫	卯	木	五黄	戌
8	土	四緑	寅	火	九紫	酉	木	六白	卯	日	二黒	戌	火	八白	辰	金	六白	亥
9	日	三碧	卯	水	八白	戌	金	五黄	辰	月	一白	亥	水	七赤	巳	土	七赤	子
10	月	二黒	辰	木	七赤	亥	土	四緑	巳	火	九紫	子	木	六白	午	日	八白	丑
11	火	一白	巳	金	六白	子	日	三碧	午	水	八白	丑	金	五黄	未	月	九紫	寅
12	水	九紫	午	土	五黄	丑	月	二黒	未	木	七赤	寅	土	四緑	申	火	一白	卯
13	木	八白	未	日	四緑	寅	火	一白	申	金	六白	卯	日	三碧	酉	水	二黒	辰
14	金	七赤	申	月	三碧	卯	水	九紫	酉	土	五黄	辰	月	二黒	戌	木	三碧	巳
15	土	六白	酉	火	二黒	辰	木	八白	戌	日	四緑	巳	火	一白	亥	金	四緑	午
16	日	五黄	戌	水	一白	巳	金	七赤	亥	月	三碧	午	水	一白	子	土	五黄	未
17	月	四緑	亥	木	九紫	午	土	六白	子	火	二黒	未	木	二黒	丑	日	六白	申
18	火	三碧	子	金	八白	未	日	五黄	丑	水	一白	申	金	三碧	寅	月	七赤	酉
19	水	二黒	丑	土	七赤	申	月	四緑	寅	木	九紫	酉	土	四緑	卯	火	八白	戌
20	木	一白	寅	日	六白	酉	火	三碧	卯	金	八白	戌	日	五黄	辰	水	九紫	亥
21	金	九紫	卯	月	五黄	戌	水	二黒	辰	土	七赤	亥	月	六白	巳	木	一白	子
22	土	八白	辰	火	四緑	亥	木	一白	巳	日	六白	子	火	七赤	午	金	二黒	丑
23	日	七赤	巳	水	三碧	子	金	九紫	午	月	五黄	丑	水	八白	未	土	三碧	寅
24	月	六白	午	木	二黒	丑	土	八白	未	火	四緑	寅	木	九紫	申	日	四緑	卯
25	火	五黄	未	金	一白	寅	日	七赤	申	水	三碧	卯	金	一白	酉	月	五黄	辰
26	水	四緑	申	土	九紫	卯	月	六白	酉	木	二黒	辰	土	二黒	戌	火	六白	巳
27	木	三碧	酉	日	八白	辰	火	五黄	戌	金	一白	巳	日	三碧	亥	水	七赤	午
28	金	二黒	戌	月	七赤	巳	水	四緑	亥	土	九紫	午	月	四緑	子	木	八白	未
29	土	一白	亥	火	六白	午	木	三碧	子	日	八白	未	火	五黄	丑	金	九紫	申
30	日	九紫	子	水	五黄	未	金	二黒	丑	月	七赤	申	水	六白	寅	土	一白	酉
31	月	八白	丑				土	一白	寅				木	七赤	卯	日	二黒	戌

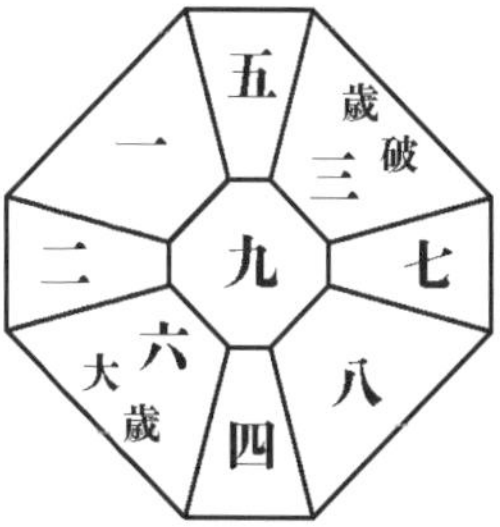

（年盤）

令和9年（2027年）

（未年）　　九紫火星　中宮

7月			6月			5月			4月			3月			2月			月
未			午			巳			辰			卯			寅			十二支
7日 16：37			6日 6：25			6日 2：25			5日 9：17			6日 4：39			4日 10：46			節入
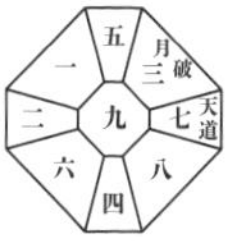			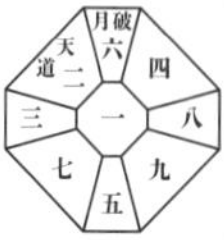									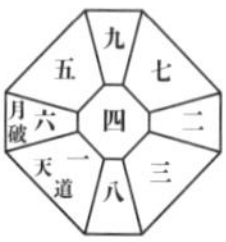			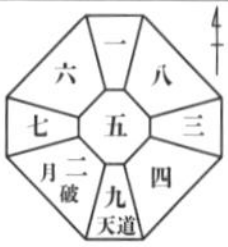			（北が上）月盤
曜	中宮	十二支	曜	中宮	十二支	曜	中宮	十二支	曜	中宮	十二支	曜	中宮	十二支	曜	中宮	十二支	日
木	一白	巳	火	六白	亥	土	二黒	辰	木	八白	戌	月	四緑	卯	月	三碧	亥	1
金	九紫	午	水	七赤	子	日	三碧	巳	金	九紫	亥	火	五黄	辰	火	四緑	子	2
土	八白	未	木	八白	丑	月	四緑	午	土	一白	子	水	六白	巳	水	五黄	丑	3
日	七赤	申	金	九紫	寅	火	五黄	未	日	二黒	丑	木	七赤	午	木	六白	寅	4
月	六白	酉	土	一白	卯	水	六白	申	月	三碧	寅	金	八白	未	金	七赤	卯	5
火	五黄	戌	日	二黒	辰	木	七赤	酉	火	四緑	卯	土	九紫	申	土	八白	辰	6
水	四緑	亥	月	三碧	巳	金	八白	戌	水	五黄	辰	日	一白	酉	日	九紫	巳	7
木	三碧	子	火	四緑	午	土	九紫	亥	木	六白	巳	月	二黒	戌	月	一白	午	8
金	二黒	丑	水	五黄	未	日	一白	子	金	七赤	午	火	三碧	亥	火	二黒	未	9
土	一白	寅	木	六白	申	月	二黒	丑	土	八白	未	水	四緑	子	水	三碧	申	10
日	九紫	卯	金	七赤	酉	火	三碧	寅	日	九紫	申	木	五黄	丑	木	四緑	酉	11
月	八白	辰	土	八白	戌	水	四緑	卯	月	一白	酉	金	六白	寅	金	五黄	戌	12
火	七赤	巳	日	九紫	亥	木	五黄	辰	火	二黒	戌	土	七赤	卯	土	六白	亥	13
水	六白	午	月	九紫	子	金	六白	巳	水	三碧	亥	日	八白	辰	日	七赤	子	14
木	五黄	未	火	八白	丑	土	七赤	午	木	四緑	子	月	九紫	巳	月	八白	丑	15
金	四緑	申	水	七赤	寅	日	八白	未	金	五黄	丑	火	一白	午	火	九紫	寅	16
土	三碧	酉	木	六白	卯	月	九紫	申	土	六白	寅	水	二黒	未	水	一白	卯	17
日	二黒	戌	金	五黄	辰	火	一白	酉	日	七赤	卯	木	三碧	申	木	二黒	辰	18
月	一白	亥	土	四緑	巳	水	二黒	戌	月	八白	辰	金	四緑	酉	金	三碧	巳	19
火	九紫	子	日	三碧	午	木	三碧	亥	火	九紫	巳	土	五黄	戌	土	四緑	午	20
水	八白	丑	月	二黒	未	金	四緑	子	水	一白	午	日	六白	亥	日	五黄	未	21
木	七赤	寅	火	一白	申	土	五黄	丑	木	二黒	未	月	七赤	子	月	六白	申	22
金	六白	卯	水	九紫	酉	日	六白	寅	金	三碧	申	火	八白	丑	火	七赤	酉	23
土	五黄	辰	木	八白	戌	月	七赤	卯	土	四緑	酉	水	九紫	寅	水	八白	戌	24
日	四緑	巳	金	七赤	亥	火	八白	辰	日	五黄	戌	木	一白	卯	木	九紫	亥	25
月	三碧	午	土	六白	子	水	九紫	巳	月	六白	亥	金	二黒	辰	金	一白	子	26
火	二黒	未	日	五黄	丑	木	一白	午	火	七赤	子	土	三碧	巳	土	二黒	丑	27
水	一白	申	月	四緑	寅	金	二黒	未	水	八白	丑	日	四緑	午	日	三碧	寅	28
木	九紫	酉	火	三碧	卯	土	三碧	申	木	九紫	寅	月	五黄	未				29
金	八白	戌	水	二黒	辰	日	四緑	酉	金	一白	卯	火	六白	申				30
土	七赤	亥				月	五黄	戌				水	七赤	酉				31

メモ

(翌) 1月			12月			11月			10月			9月			8月			月
丑			子			亥			戌			酉			申			十二支
6日　4：54			7日　17：37			8日　0：38			8日　21：17			8日　5：28			8日　2：26			節入
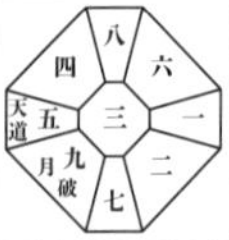			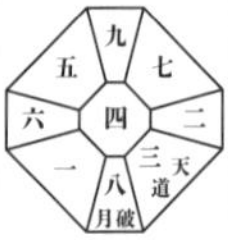						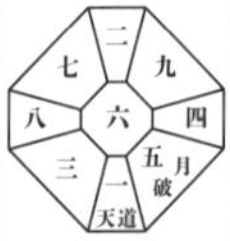						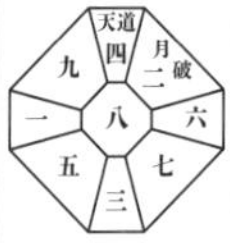			(北が上) 月盤
曜	中宮	十二支	曜	中宮	十二支	曜	中宮	十二支	曜	中宮	十二支	曜	中宮	十二支	曜	中宮	十二支	日
土	四緑	酉	水	一白	寅	月	四緑	申	金	八白	丑	水	二黒	未	日	六白	子	1
日	五黄	戌	木	九紫	卯	火	三碧	酉	土	七赤	寅	木	一白	申	月	五黄	丑	2
月	六白	亥	金	八白	辰	水	二黒	戌	日	六白	卯	金	九紫	酉	火	四緑	寅	3
火	七赤	子	土	七赤	巳	木	一白	亥	月	五黄	辰	土	八白	戌	水	三碧	卯	4
水	八白	丑	日	六白	午	金	九紫	子	火	四緑	巳	日	七赤	亥	木	二黒	辰	5
木	九紫	寅	月	五黄	未	土	八白	丑	水	三碧	午	月	六白	子	金	一白	巳	6
金	一白	卯	火	四緑	申	日	七赤	寅	木	二黒	未	火	五黄	丑	土	九紫	午	7
土	二黒	辰	水	三碧	酉	月	六白	卯	金	一白	申	水	四緑	寅	日	八白	未	8
日	三碧	巳	木	二黒	戌	火	五黄	辰	土	九紫	酉	木	三碧	卯	月	七赤	申	9
月	四緑	午	金	一白	亥	水	四緑	巳	日	八白	戌	金	二黒	辰	火	六白	酉	10
火	五黄	未	土	一白	子	木	三碧	午	月	七赤	亥	土	一白	巳	水	五黄	戌	11
水	六白	申	日	二黒	丑	金	二黒	未	火	六白	子	日	九紫	午	木	四緑	亥	12
木	七赤	酉	月	三碧	寅	土	一白	申	水	五黄	丑	月	八白	未	金	三碧	子	13
金	八白	戌	火	四緑	卯	日	九紫	酉	木	四緑	寅	火	七赤	申	土	二黒	丑	14
土	九紫	亥	水	五黄	辰	月	八白	戌	金	三碧	卯	水	六白	酉	日	一白	寅	15
日	一白	子	木	六白	巳	火	七赤	亥	土	二黒	辰	木	五黄	戌	月	九紫	卯	16
月	二黒	丑	金	七赤	午	水	六白	子	日	一白	巳	金	四緑	亥	火	八白	辰	17
火	三碧	寅	土	八白	未	木	五黄	丑	月	九紫	午	土	三碧	子	水	七赤	巳	18
水	四緑	卯	日	九紫	申	金	四緑	寅	火	八白	未	日	二黒	丑	木	六白	午	19
木	五黄	辰	月	一白	酉	土	三碧	卯	水	七赤	申	月	一白	寅	金	五黄	未	20
金	六白	巳	火	二黒	戌	日	二黒	辰	木	六白	酉	火	九紫	卯	土	四緑	申	21
土	七赤	午	水	三碧	亥	月	一白	巳	金	五黄	戌	水	八白	辰	日	三碧	酉	22
日	八白	未	木	四緑	子	火	九紫	午	土	四緑	亥	木	七赤	巳	月	二黒	戌	23
月	九紫	申	金	五黄	丑	水	八白	未	日	三碧	子	金	六白	午	火	一白	亥	24
火	一白	酉	土	六白	寅	木	七赤	申	月	二黒	丑	土	五黄	未	水	九紫	子	25
水	二黒	戌	日	七赤	卯	金	六白	酉	火	一白	寅	日	四緑	申	木	八白	丑	26
木	三碧	亥	月	八白	辰	土	五黄	戌	水	九紫	卯	月	三碧	酉	金	七赤	寅	27
金	四緑	子	火	九紫	巳	日	四緑	亥	木	八白	辰	火	二黒	戌	土	六白	卯	28
土	五黄	丑	水	一白	午	月	三碧	子	金	七赤	巳	水	一白	亥	日	五黄	辰	29
日	六白	寅	木	二黒	未	火	二黒	丑	土	六白	午	木	九紫	子	月	四緑	巳	30
月	七赤	卯	金	三碧	申				日	五黄	未				火	三碧	午	31

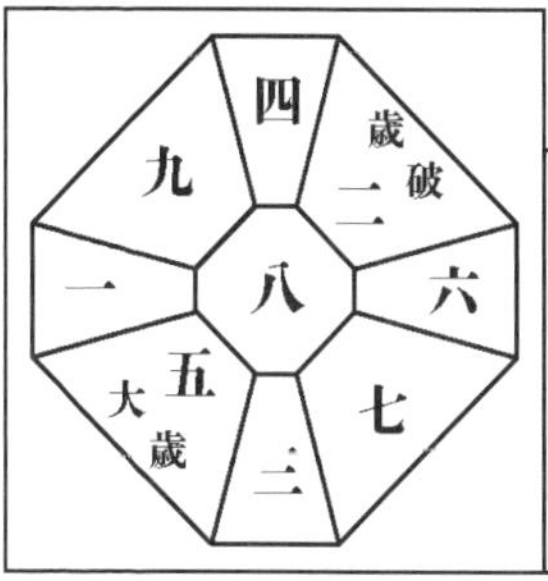

令和10年(2028年)

(年盤)

(申年)　閏年　八白土星　中宮

7月			6月			5月			4月			3月			2月			月
未			午			巳			辰			卯			寅			十二支
6日　22：30			5日　12：16			5日　8：12			4日　15：03			5日　10：14			4日　16：31			節入
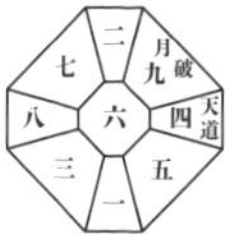			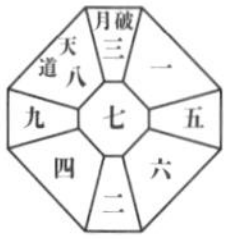			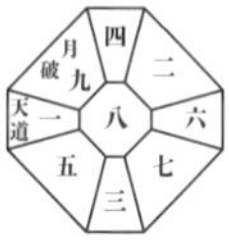			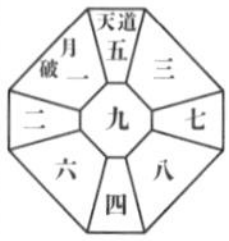			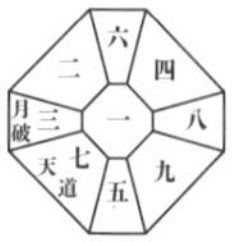			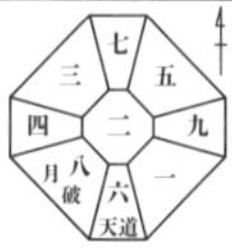			(北が上)月盤
曜	中宮	十二支	曜	中宮	十二支	曜	中宮	十二支	曜	中宮	十二支	曜	中宮	十二支	曜	中宮	十二支	日
土	四緑	亥	木	三碧	巳	月	八白	戌	土	五黄	辰	水	一白	酉	火	八白	辰	1
日	三碧	子	金	四緑	午	火	九紫	亥	日	六白	巳	木	二黒	戌	水	九紫	巳	2
月	二黒	丑	土	五黄	未	水	一白	子	月	七赤	午	金	三碧	亥	木	一白	午	3
火	一白	寅	日	六白	申	木	二黒	丑	火	八白	未	土	四緑	子	金	二黒	未	4
水	九紫	卯	月	七赤	酉	金	三碧	寅	水	九紫	申	日	五黄	丑	土	三碧	申	5
木	八白	辰	火	八白	戌	土	四緑	卯	木	一白	酉	月	六白	寅	日	四緑	酉	6
金	七赤	巳	水	九紫	亥	日	五黄	辰	金	二黒	戌	火	七赤	卯	月	五黄	戌	7
土	六白	午	木	九紫	子	月	六白	巳	土	三碧	亥	水	八白	辰	火	六白	亥	8
日	五黄	未	金	八白	丑	火	七赤	午	日	四緑	子	木	九紫	巳	水	七赤	子	9
月	四緑	申	土	七赤	寅	水	八白	未	月	五黄	丑	金	一白	午	木	八白	丑	10
火	三碧	酉	日	六白	卯	木	九紫	申	火	六白	寅	土	二黒	未	金	九紫	寅	11
水	二黒	戌	月	五黄	辰	金	一白	酉	水	七赤	卯	日	三碧	申	土	一白	卯	12
木	一白	亥	火	四緑	巳	土	二黒	戌	木	八白	辰	月	四緑	酉	日	二黒	辰	13
金	九紫	子	水	三碧	午	日	三碧	亥	金	九紫	巳	火	五黄	戌	月	三碧	巳	14
土	八白	丑	木	二黒	未	月	四緑	子	土	一白	午	水	六白	亥	火	四緑	午	15
日	七赤	寅	金	一白	申	火	五黄	丑	日	二黒	未	木	七赤	子	水	五黄	未	16
月	六白	卯	土	九紫	酉	水	六白	寅	月	三碧	申	金	八白	丑	木	六白	申	17
火	五黄	辰	日	八白	戌	木	七赤	卯	火	四緑	酉	土	九紫	寅	金	七赤	酉	18
水	四緑	巳	月	七赤	亥	金	八白	辰	水	五黄	戌	日	一白	卯	土	八白	戌	19
木	三碧	午	火	六白	子	土	九紫	巳	木	六白	亥	月	二黒	辰	日	九紫	亥	20
金	二黒	未	水	五黄	丑	日	一白	午	金	七赤	子	火	三碧	巳	月	一白	子	21
土	一白	申	木	四緑	寅	月	二黒	未	土	八白	丑	水	四緑	午	火	二黒	丑	22
日	九紫	酉	金	三碧	卯	火	三碧	申	日	九紫	寅	木	五黄	未	水	三碧	寅	23
月	八白	戌	土	二黒	辰	水	四緑	酉	月	一白	卯	金	六白	申	木	四緑	卯	24
火	七赤	亥	日	一白	巳	木	五黄	戌	火	二黒	辰	土	七赤	酉	金	五黄	辰	25
水	六白	子	月	九紫	午	金	六白	亥	水	三碧	巳	日	八白	戌	土	六白	巳	26
木	五黄	丑	火	八白	未	土	七赤	子	木	四緑	午	月	九紫	亥	日	七赤	午	27
金	四緑	寅	水	七赤	申	日	八白	丑	金	五黄	未	火	一白	子	月	八白	未	28
土	三碧	卯	木	六白	酉	月	九紫	寅	土	六白	申	水	二黒	丑	火	九紫	申	29
日	二黒	辰	金	五黄	戌	火	一白	卯	日	七赤	酉	木	三碧	寅				30
月	一白	巳				水	二黒	辰				金	四緑	卯				31

メモ

(翌) 1月			12月			11月			10月			9月			8月			月
丑			子			亥			戌			酉			申			十二支
5日 10：42			6日 23：24			7日 6：27			8日 3：08			7日 11：22			7日 8：21			節入
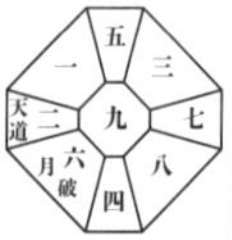						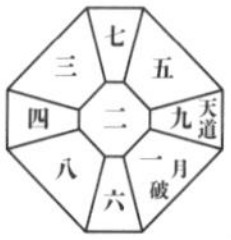			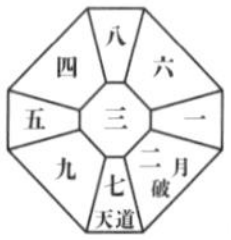									(北が上) 月盤
曜	中宮	十二支	曜	中宮	十二支	曜	中宮	十二支	曜	中宮	十二支	曜	中宮	十二支	曜	中宮	十二支	日
月	一白	卯	金	四緑	申	水	七赤	寅	日	二黒	未	金	五黄	丑	火	九紫	午	1
火	二黒	辰	土	三碧	酉	木	六白	卯	月	一白	申	土	四緑	寅	水	八白	未	2
水	三碧	巳	日	二黒	戌	金	五黄	辰	火	九紫	酉	日	三碧	卯	木	七赤	申	3
木	四緑	午	月	一白	亥	土	四緑	巳	水	八白	戌	月	二黒	辰	金	六白	酉	4
金	五黄	未	火	一白	子	日	三碧	午	木	七赤	亥	火	一白	巳	土	五黄	戌	5
土	六白	申	水	二黒	丑	月	二黒	未	金	六白	子	水	九紫	午	日	四緑	亥	6
日	七赤	酉	木	三碧	寅	火	一白	申	土	五黄	丑	木	八白	未	月	三碧	子	7
月	八白	戌	金	四緑	卯	水	九紫	酉	日	四緑	寅	金	七赤	申	火	二黒	丑	8
火	九紫	亥	土	五黄	辰	木	八白	戌	月	三碧	卯	土	六白	酉	水	一白	寅	9
水	一白	子	日	六白	巳	金	七赤	亥	火	二黒	辰	日	五黄	戌	木	九紫	卯	10
木	二黒	丑	月	七赤	午	土	六白	子	水	一白	巳	月	四緑	亥	金	八白	辰	11
金	三碧	寅	火	八白	未	日	五黄	丑	木	九紫	午	火	三碧	子	土	七赤	巳	12
土	四緑	卯	水	九紫	申	月	四緑	寅	金	八白	未	水	二黒	丑	日	六白	午	13
日	五黄	辰	木	一白	酉	火	三碧	卯	土	七赤	申	木	一白	寅	月	五黄	未	14
月	六白	巳	金	二黒	戌	水	二黒	辰	日	六白	酉	金	九紫	卯	火	四緑	申	15
火	七赤	午	土	三碧	亥	木	一白	巳	月	五黄	戌	土	八白	辰	水	三碧	酉	16
水	八白	未	日	四緑	子	金	九紫	午	火	四緑	亥	日	七赤	巳	木	二黒	戌	17
木	九紫	申	月	五黄	丑	土	八白	未	水	三碧	子	月	六白	午	金	一白	亥	18
金	一白	酉	火	六白	寅	日	七赤	申	木	二黒	丑	火	五黄	未	土	九紫	子	19
土	二黒	戌	水	七赤	卯	月	六白	酉	金	一白	寅	水	四緑	申	日	八白	丑	20
日	三碧	亥	木	八白	辰	火	五黄	戌	土	九紫	卯	木	三碧	酉	月	七赤	寅	21
月	四緑	子	金	九紫	巳	水	四緑	亥	日	八白	辰	金	二黒	戌	火	六白	卯	22
火	五黄	丑	土	一白	午	木	三碧	子	月	七赤	巳	土	一白	亥	水	五黄	辰	23
水	六白	寅	日	二黒	未	金	二黒	丑	火	六白	午	日	九紫	子	木	四緑	巳	24
木	七赤	卯	月	三碧	申	土	一白	寅	水	五黄	未	月	八白	丑	金	三碧	午	25
金	八白	辰	火	四緑	酉	日	九紫	卯	木	四緑	申	火	七赤	寅	土	二黒	未	26
土	九紫	巳	水	五黄	戌	月	八白	辰	金	三碧	酉	水	六白	卯	日	一白	申	27
日	一白	午	木	六白	亥	火	七赤	巳	土	二黒	戌	木	五黄	辰	月	九紫	酉	28
月	二黒	未	金	七赤	子	水	六白	午	日	一白	亥	金	四緑	巳	火	八白	戌	29
火	三碧	申	土	八白	丑	木	五黄	未	月	九紫	子	土	三碧	午	水	七赤	亥	30
水	四緑	酉	日	九紫	寅				火	八白	丑				木	六白	子	31

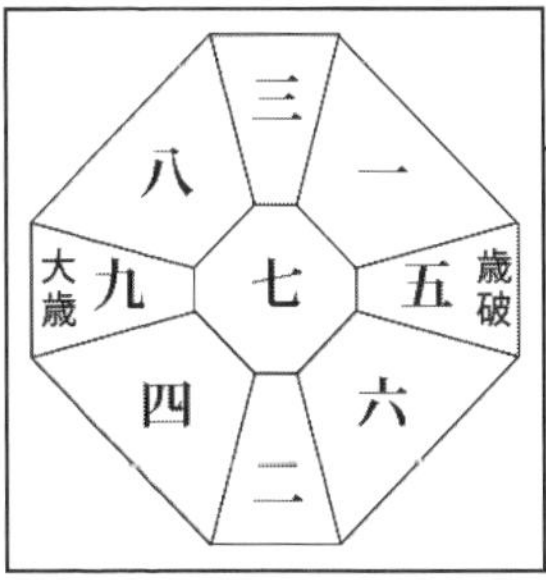

（年盤）

令和 11 年（2029 年）

（酉年）　　七赤金星　中宮

7月			6月			5月			4月			3月			2月			月
未			午			巳			辰			卯			寅			十二支
7日　4：22			5日　18：10			5日　14：07			4日　20：58			5日　16：17			3日　22：20			節入
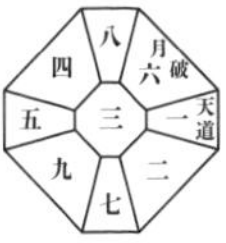			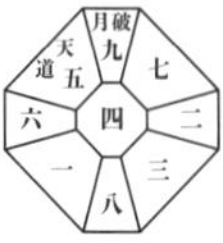			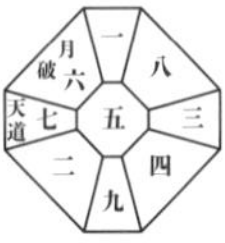						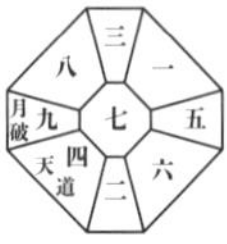			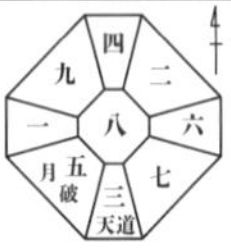			（北が上）月盤
曜	中宮	十二支	曜	中宮	十二支	曜	中宮	十二支	曜	中宮	十二支	曜	中宮	十二支	曜	中宮	十二支	日
日	八白	辰	金	八白	戌	火	四緑	卯	日	一白	酉	木	六白	寅	木	五黄	戌	1
月	七赤	巳	土	九紫	亥	水	五黄	辰	月	二黒	戌	金	七赤	卯	金	六白	亥	2
火	六白	午	日	九紫	子	木	六白	巳	火	三碧	亥	土	八白	辰	土	七赤	子	3
水	五黄	未	月	八白	丑	金	七赤	午	水	四緑	子	日	九紫	巳	日	八白	丑	4
木	四緑	申	火	七赤	寅	土	八白	未	木	五黄	丑	月	一白	午	月	九紫	寅	5
金	三碧	酉	水	六白	卯	日	九紫	申	金	六白	寅	火	二黒	未	火	一白	卯	6
土	二黒	戌	木	五黄	辰	月	一白	酉	土	七赤	卯	水	三碧	申	水	二黒	辰	7
日	一白	亥	金	四緑	巳	火	二黒	戌	日	八白	辰	木	四緑	酉	木	三碧	巳	8
月	九紫	子	土	三碧	午	水	三碧	亥	月	九紫	巳	金	五黄	戌	金	四緑	午	9
火	八白	丑	日	二黒	未	木	四緑	子	火	一白	午	土	六白	亥	土	五黄	未	10
水	七赤	寅	月	一白	申	金	五黄	丑	水	二黒	未	日	七赤	子	日	六白	申	11
木	六白	卯	火	九紫	酉	土	六白	寅	木	三碧	申	月	八白	丑	月	七赤	酉	12
金	五黄	辰	水	八白	戌	日	七赤	卯	金	四緑	酉	火	九紫	寅	火	八白	戌	13
土	四緑	巳	木	七赤	亥	月	八白	辰	土	五黄	戌	水	一白	卯	水	九紫	亥	14
日	三碧	午	金	六白	子	火	九紫	巳	日	六白	亥	木	二黒	辰	木	一白	子	15
月	二黒	未	土	五黄	丑	水	一白	午	月	七赤	子	金	三碧	巳	金	二黒	丑	16
火	一白	申	日	四緑	寅	木	二黒	未	火	八白	丑	土	四緑	午	土	三碧	寅	17
水	九紫	酉	月	三碧	卯	金	三碧	申	水	九紫	寅	日	五黄	未	日	四緑	卯	18
木	八白	戌	火	二黒	辰	土	四緑	酉	木	一白	卯	月	六白	申	月	五黄	辰	19
金	七赤	亥	水	一白	巳	日	五黄	戌	金	二黒	辰	火	七赤	酉	火	六白	巳	20
土	六白	子	木	九紫	午	月	六白	亥	土	三碧	巳	水	八白	戌	水	七赤	午	21
日	五黄	丑	金	八白	未	火	七赤	子	日	四緑	午	木	九紫	亥	木	八白	未	22
月	四緑	寅	土	七赤	申	水	八白	丑	月	五黄	未	金	一白	子	金	九紫	申	23
火	三碧	卯	日	六白	酉	木	九紫	寅	火	六白	申	土	二黒	丑	土	一白	酉	24
水	二黒	辰	月	五黄	戌	金	一白	卯	水	七赤	酉	日	三碧	寅	日	二黒	戌	25
木	一白	巳	火	四緑	亥	土	二黒	辰	木	八白	戌	月	四緑	卯	月	三碧	亥	26
金	九紫	午	水	三碧	子	日	三碧	巳	金	九紫	亥	火	五黄	辰	火	四緑	子	27
土	八白	未	木	二黒	丑	月	四緑	午	土	一白	子	水	六白	巳	水	五黄	丑	28
日	七赤	申	金	一白	寅	火	五黄	未	日	二黒	丑	木	七赤	午				29
月	六白	酉	土	九紫	卯	水	六白	申	月	三碧	寅	金	八白	未				30
火	五黄	戌				木	七赤	酉				土	九紫	申				31

メモ

(翌) 1月			12月			11月			10月			9月			8月			月
丑			子			亥			戌			酉			申			十二支
5日 16：30			7日 5：13			7日 12：16			8日 8：58			7日 17：12			7日 14：11			節入
			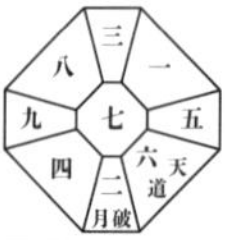						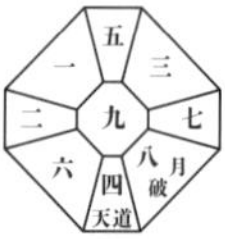						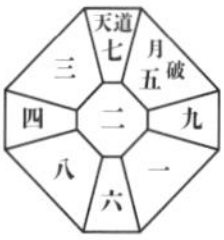			(北が上) 月盤
曜	中宮	十二支	曜	中宮	十二支	曜	中宮	十二支	曜	中宮	十二支	曜	中宮	十二支	曜	中宮	十二支	日
火	六白	申	土	二黒	丑	木	二黒	未	月	六白	子	土	九紫	午	水	四緑	亥	1
水	七赤	酉	日	三碧	寅	金	一白	申	火	五黄	丑	日	八白	未	木	三碧	子	2
木	八白	戌	月	四緑	卯	土	九紫	酉	水	四緑	寅	月	七赤	申	金	二黒	丑	3
金	九紫	亥	火	五黄	辰	日	八白	戌	木	三碧	卯	火	六白	酉	土	一白	寅	4
土	一白	子	水	六白	巳	月	七赤	亥	金	二黒	辰	水	五黄	戌	日	九紫	卯	5
日	二黒	丑	木	七赤	午	火	六白	子	土	一白	巳	木	四緑	亥	月	八白	辰	6
月	三碧	寅	金	八白	未	水	五黄	丑	日	九紫	午	金	三碧	子	火	七赤	巳	7
火	四緑	卯	土	九紫	申	木	四緑	寅	月	八白	未	土	二黒	丑	水	六白	午	8
水	五黄	辰	日	一白	酉	金	三碧	卯	火	七赤	申	日	一白	寅	木	五黄	未	9
木	六白	巳	月	二黒	戌	土	二黒	辰	水	六白	酉	月	九紫	卯	金	四緑	申	10
金	七赤	午	火	三碧	亥	日	一白	巳	木	五黄	戌	火	八白	辰	土	三碧	酉	11
土	八白	未	水	四緑	子	月	九紫	午	金	四緑	亥	水	七赤	巳	日	二黒	戌	12
日	九紫	申	木	五黄	丑	火	八白	未	土	三碧	子	木	六白	午	月	一白	亥	13
月	一白	酉	金	六白	寅	水	七赤	申	日	二黒	丑	金	五黄	未	火	九紫	子	14
火	二黒	戌	土	七赤	卯	木	六白	酉	月	一白	寅	土	四緑	申	水	八白	丑	15
水	三碧	亥	日	八白	辰	金	五黄	戌	火	九紫	卯	日	三碧	酉	木	七赤	寅	16
木	四緑	子	月	九紫	巳	土	四緑	亥	水	八白	辰	月	二黒	戌	金	六白	卯	17
金	五黄	丑	火	一白	午	日	三碧	子	木	七赤	巳	火	一白	亥	土	五黄	辰	18
土	六白	寅	水	二黒	未	月	二黒	丑	金	六白	午	水	九紫	子	日	四緑	巳	19
日	七赤	卯	木	三碧	申	火	一白	寅	土	五黄	未	木	八白	丑	月	三碧	午	20
月	八白	辰	金	四緑	酉	水	九紫	卯	日	四緑	申	金	七赤	寅	火	二黒	未	21
火	九紫	巳	土	五黄	戌	木	八白	辰	月	三碧	酉	土	六白	卯	水	一白	申	22
水	一白	午	日	六白	亥	金	七赤	巳	火	二黒	戌	日	五黄	辰	木	九紫	酉	23
木	二黒	未	月	七赤	子	土	六白	午	水	一白	亥	月	四緑	巳	金	八白	戌	24
金	三碧	申	火	八白	丑	日	五黄	未	木	九紫	子	火	三碧	午	土	七赤	亥	25
土	四緑	酉	水	九紫	寅	月	四緑	申	金	八白	丑	水	二黒	未	日	六白	子	26
日	五黄	戌	木	一白	卯	火	三碧	酉	土	七赤	寅	木	一白	申	月	五黄	丑	27
月	六白	亥	金	二黒	辰	水	二黒	戌	日	六白	卯	金	九紫	酉	火	四緑	寅	28
火	七赤	子	土	三碧	巳	木	一白	亥	月	五黄	辰	土	八白	戌	水	三碧	卯	29
水	八白	丑	日	四緑	午	金	一白	子	火	四緑	巳	日	七赤	亥	木	二黒	辰	30
木	九紫	寅	月	五黄	未				水	三碧	午				金	一白	巳	31

西谷泰人　YASUTO NISHITANI

1954年、鳥取県生まれ。手相家、作曲家。'88年アメリカCNNテレビで、日本を代表する手相家として世界に紹介される。氏の手相書は25ヵ国以上で翻訳され、世界中の手相家の教本となっている。
これまで鑑定した人々は、世界各国の政治家、財界人、文化人、芸術家、スポーツ選手とあらゆる分野に及び、その数は優に10万人を超える。著者累計400万部突破。

『笑っていいとも！』レギュラー出演、他、テレビ出演多数。
YouTube『ニシタニショー』が人気！
バンド The Fortune tellerz で活動。

西谷泰人　ホームページ

西谷泰人　海外ホームページ

吉方旅行と引っ越し

発行日　カバーに記載

著　者　西谷泰人
発行者　西谷泰人
発行所　株式会社　創文
〒245-0024　神奈川県横浜市泉区和泉中央北2-10-1
TEL. 045-805-5077　FAX. 045-802-2408
印　刷　美研プリンティング株式会社

ISBN978-4-902037-24-1　C0036